再造家电

传统家电企业如何互联网转型

陈润◎著

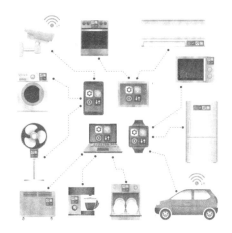

ZHEJIANG UNIVERSITY PRESS
浙江大学出版社

序言

这是最好的时代，这是最坏的时代；这是失望的冬天，这是希望的春天；人们面前精彩纷呈，人们面前一无所有。

——查尔斯·狄更斯

一

过去两年间，移动互联网、互联网思维、互联网＋、物联网、智能化等与互联网相关的问题已成为一门管理显学，互联网对中国企业界的冲击和影响随处可见，尤其是对传统企业和制造行业。互联网如盘古开天辟地的巨斧，给思想观念、商业模式、组织结构、管理方式、营销渠道、生产流程等管理要素带来天翻地覆的划时代变革，有人焦虑、恐慌，有人兴奋、期待，有人在悲喜交错的折磨中彷徨、迷茫。

一切都在发生惊天剧变，一切又从未改变——优胜劣汰、适者生存的进化法则在互联网时代依然正确、有效。我长期从事商业史、企业史研究工作，实际上，商业的起源可以追溯到几百万年前原始人的物物交换，即使从世界上最早的经营性法人——1136年创办的英国阿伯丁港务局算起，公司的历史也将近1000年了，其间历经三次工业革命、两次世界大战，还有上万次大小战争、灾难以及上千次大小政治危机、经济危机等，每次变革都有企业衰败消亡，也有企业崛起腾飞。如果互联网将掀起并引发第四

I

次工业革命，也不过是商业史长河中的一圈涟漪、一段波浪，勇敢者应当中流击水，傲立潮头。

纵观中国企业史，尤其是 1978 年以来的改革开放史，中国家电业从业者无疑是最勇敢的群体之一，每次改革开放的关键时间节点、重大变革时刻，家电行业都是改革开放的先锋队、排头兵，英雄人物辈出。中国家电用 30 年时间完成了别国 100 年才能完成的跨越；老百姓生活质量的提升，也在各类家电的更新换代中被悄然见证；中国企业家的成长路径和商业环境变迁，则在价格战、广告战、渠道战、科技战、并购战等系列商战中一览无余；张瑞敏、何享健、李东生、董明珠、黄宏生、倪润峰、茅理翔等耳熟能详的家电企业家，都曾在 30 年改革史的镁光灯照耀下光彩夺目。

毫不夸张地说，如果要了解中国改革开放历程，了解制造行业、传统企业的过去、现在和未来，家电领域必定是最佳研究样本。由此，在互联网时代，探讨中国家电的转型升级路径就有了更广泛、深远的意义和价值。

二

1978 年 12 月 18 日，党的十一届三中全会开启了中国的新时代，改革开放让这个刚走出动荡的国家迎来万象更新的春天。早在 1978 年 1 月，国务院决定将轻工业部同纺织工业部分离，并新成立五金电器工业局。1982 年，家用电器工业局从五金电器工业局独立出来，舞台更广。以此断言，中国家电行业史的开篇几乎与改革开放同步开启。

1984 年，邓小平以"南方谈话"开启了改革开放的又一个春天。这一年倪润峰 40 岁，1985 年 5 月，他任长虹电视机厂厂长；27 岁的李东生也在 1985 年被提拔为 TCL 通讯设备公司总经理；这一年，美的创始人何享健成立空调筹备组，雄心勃勃从风扇领域扩张到空调领域；几乎在同一时间，何享健的顺德老乡潘宁成立了珠江冰箱厂，靠手锤、手锉、简易万能表等简陋工具打造出中国第一台双门电冰箱。这个群星闪耀的时刻，堪称"中国家电元年"。

不过，这些后来的"大佬"当年只是家电舞台上的龙套角色，当时唱主角的是松下、索尼、三洋、西门子、惠而浦等进口品牌。进入20世纪90年代之后，本土企业家纷纷以自己擅长的方式"野蛮生长"，从洋品牌手中收复失地。1989年8月，作风强硬的倪润峰首次在国内将彩电降价300元，"价格屠夫"的绰号不胫而走；张瑞敏则从1991年起开始走多元化之路，冰箱、洗衣机、彩电、空调、VCD等无所不能。

国内家电同行并非同仇敌忾、一致对外，本土品牌间的竞争硝烟烽火令人窒息，尤以"同城对撼"最为惨烈。在广东顺德806平方公里的逼仄空间内，聚集了美的、格兰仕、容声、科龙、万和、万家乐等3000多个家电品牌，这些"地头蛇"为求生存发展，每天都在上演"弱肉强食"的丛林法则。在青岛，海尔、海信、澳柯玛之间的"商战"也从未停止，各种近乎疯狂甚至不择手段的"绝招"频出，市场风雨飘摇，企业伤痕累累。

当然，家电行业也有风雨同舟的时刻。20世纪90年代末，随着家电产品供过于求，企业利润率下降，渠道竞争日趋激烈，不少家电厂商提出"掌控终端、实现渠道扁平化"的变革，直接渗透到二、三级市场，在各地开设销售分公司或子公司、专营店。那年头，"砍大户"成为家电行业最流行的词汇。张瑞敏提出"不发展大户，发展散户"；陶建幸将1997年之前的"发展大户"政策颠覆为"封杀大户"；美的号召"限制大户、扶持中户、发展散户"，与其他家电制造商建立统一战线，共同从渠道霸主手中争取市场。家电制造企业粗放式的市场营销历史从此终结，"自建渠道"成为新趋势。

新千年的钟声即将敲响，在这个成就与喜悦交相辉映的夜晚，有人星夜赶考，有人告老还乡。潘宁、倪润峰等昔日枭雄陆续谢幕，黯然告别日渐精彩的家电舞台，而张瑞敏、何享健、李东生等人正春风得意，先后吹响"国际化"号角，期待"走出国门争天下"。只是，道路依然崎岖，考验才刚刚开始。

三

经过近 20 年的激烈厮杀，家电行业利润薄如刀片，利润率长期在 2%～3% 徘徊。与此形成鲜明对比的是，互联网、汽车、房地产等行业异军突起，一夜暴富的故事不断上演，在微利中拼得头破血流的家电商人们绝不甘心只做旁观者，拼命寻找利润沃土。在 21 世纪的头 10 年中，家电行业曾先后上演过三次集体"大跃进"——互联网热潮、家电造车、进军房地产，不过，除部分企业仍在发展房地产之外，三次大转型都折戟沉沙，惨淡收场。曲折故事，本书中将有详细叙述。

无论是家电行业第一代企业家的代表者张瑞敏、何享健，还是第二代的代表李东生、董明珠等人，他们都是令人尊敬的商业典范，深谙专注与坚守的重要意义，更珍视背负"中国制造"声誉和形象的责任，但是前提必须是生存与发展，在美丽机遇与残酷现实面前，谁都无法抑制多元化、跨界突围的冲动，与其斥责家电行业面对诱惑时的软弱与迷失，不如对中国制造和实业家面对的商业环境多做一些反思和追问。

与此同时，并购、洗牌的大戏时刻在上演。"大鱼吃小鱼，快鱼吃慢鱼"的时代逐渐远去，"大鱼吃大鱼"的时代已经到来。自从 1993 年康佳并购牡丹江电视机厂以来，家电行业并购和重组的大戏从未间断，行业洗牌频率加快，动作也不断加码。长虹入主美菱，科龙、容声被海信吞并，新飞被新加坡丰隆亚洲拿下，飞利浦收购奔腾电器，法国赛博捕获苏泊尔，爱仕达收购步步高小家电业务，海尔控股升威国际，美的通过对华凌、荣事达、小天鹅的系列并购完成空冰洗产业整合……强者恒强，巨头像凶猛的"贪吃蛇"一样欲壑难填，以同行瞠目结舌的手法迅速膨胀、扩张。

疯狂飙车之后是紧急刹车，裁员潮不期而至。2011 年，美的员工将近 20 万人，仅管理人员就有 2.5 万人，到 2014 年 4 月已裁员至 13 万多人，管理人员仅留 1.5 万人左右。方洪波说："你必须要这么做，胳膊不砍命就没了。"张瑞敏在 2014 年 9 月的演讲中说，海尔在 2013 年裁员 1.6 万人，2014 年再裁掉 1 万人，主要就是中间层，"裁员的背后是海尔正在推行的'小微运动'"。

在此期间发生的另一些变化也值得记述。2013 年 9 月 18 日，美的集团宣布上市，A 股最大的白色家电上市公司诞生。2014 年 7 月，方洪波将董事长、总裁一肩挑，美的接班人尘埃落定，何享健功成身退，家电行业"两强争霸，群雄追赶"的格局更加明朗。与何享健同时代的张瑞敏仍在战斗，只是他不再过多关注合同和订单，而是着力探讨战略、创新、商业模式等话题，期望在公司内部推动一场拥抱互联网的革命，衔接"流程再造"和"三网融合"，"创造"新的领先机会。创新一直是海尔的灵魂，勇于变革的张瑞敏期待大爆发，他无疑还将继续战斗，甚至要忍受被美的超越的阵痛。

董明珠依然坚持格力只做空调的"单打冠军"策略，海信的周厚健期望借"变频革命"在空调领域取得突破，赵勇取代倪润峰之后，长虹依旧困厄。倒是互联网公司来势汹汹，小米、乐视等掀起的战争将成为下一个五年中家电江湖的新话题。

江湖多变换，有春去秋来，有兴衰成败。没有成王，也没有败寇，只有埋头追赶又永不言败的英雄。

四

岁月流转，兴衰轮回。进入 2014 年之后，家电行业好像重新回到中国商业界的舞台中央，再次成为经济话题的热门领域。家电行业领袖的演讲、言论备受关注，而所有话题几乎都与互联网、转型相关，这正是最近 5 年来中国家电行业所面临的"世界难题"。

2014 年 12 月 26 日，美的集团董事长兼总裁方洪波在公司经营管理年会上说："互联网已经不是一种思维，而是一种时代的力量；这种力量正在改变着一切。移动互联不但重新解构行业，重塑公司的竞争能力，更扩展和模糊了整个行业的边界，竞争的焦点从独立的产品转到可能包含相关产品的系统。互联网将用户和企业直接联系起来，用户主权转移，用户成为核心，我们必须学习如何跟上时代，立足用户痛点和需求去构建新的商业逻辑，真正以用户为中心。"而在 2014 年美的年会举办前的 12 天，美的与炙手可热的小米达成战略合作，方洪波带领美的拥抱互联网的决心和力度震动业界。

2015 年 1 月 8 日，海尔董事局主席、首席执行官张瑞敏在题为"海尔互联网模式的 9 年探索"的演讲中说，互联网时代的变化和挑战就是三条：第一，零距离，信息零距离；第二，去中心化，互联网上所有的人都是中心，每个人都是发布者、评论者，符合用户要求、需求的就可以购买；第三，分布式，资源都是分布的。张瑞敏表示要致力于"使海尔真正变成一个时代的企业"。而三年前，他的另一句名言在企业界流传甚广："没有成功的企业，只有时代的企业。"

2015 年 8 月，苏宁云商董事长张近东表示，从当前所处的社会环境来看，互联网已经像阳光、空气、水一样渗透进社会生活的方方面面。特别是在移动互联网时代，用户的购物也越来越碎片化、移动化、随机化，用户在哪里，消费需求就在哪里。互联网已经成为企业的一种"标配"，线下的传统企业必须线上线下相结合才有出路。他以全球视野总结说："现在我们与世界级企业面临着同样的挑战。"

进入 2015 年，中国企业不仅与世界级企业面临同样的挑战，而且一样没有可供借鉴的成功案例、榜样可循。可以预见，五年之内，中国 GDP 将跃居世界第一。按照我对各类全球富豪榜及相关经济数据的研究对比分析，国家 GDP、世界 500 强企业数量、全球富豪数量三项指标呈正相关。这样的话，当中国为全球贡献最多的

GDP、世界 500 强企业和富豪或财富时，我们能否在管理思想、商业模式、研发创新等软实力方面为这个星球提供更多价值？

这并非痴人说梦的假设和杞人忧天的发问，时代已赋予中国企业全球性责任。张瑞敏在 2014 年 6 月 27 日 "首届中国创新发展论坛" 的演讲中提起一个故事：2012 年，他与 IBM 原董事长郭士纳交流过海尔扁平化的话题，郭士纳感慨道："我在 IBM 的时候朝思暮想的一件事也是扁平化，但始终没有做，为什么？你敢做，因为整个系统要变，涉及 20 多万人，一旦出事，整个企业荡然无存。" 这不完全是年过花甲的张瑞敏老骥伏枥、壮心不已，而是 "互联网逼着你必须这么做"。当欧美、日韩家电企业发展低潮、转型停滞的全球格局中，未来五年中，越来越多的中国家电企业将面临从追随者向领导者过渡的适应期，我们面临的所有中国难题，已经是世界难题。

作为企业史研究者、家电行业观察者，于我而言，这是难得的时代机遇。

五

2010 年 3 月，我以外部企业研究者的第三视角完成著作《生活可以更美的：何享健的美的人生》，由此开始长期深入关注家电行业。在此之前，我曾在南方大型港资、台资制造企业从事基层管理工作，对于中国制造的认知、感悟要多于后来的媒体同行。2011 年，我曾发奋五年之内，不以名利计，埋首故纸堆，以浩繁史册与实地采访结合的方式完成《中国家电史》，因各种原因至今还未完稿。2014 年年初，互联网思维、智能家电热潮涌动，参差不齐的观点层出不穷，那时我正完成新书《超预期：小米的产品设计及营销方法》。因心头挂记，时常以互联网视角看待家电企业，于是将所思所想、所知所记融合，写就这部《再造家电：传统家电企业如何互联网转型》。

我认为，无论互联网思维还是 "互联网+"，互联网的本质就是八个字：尊重市场，回归人性。互动、联结、网络是互联网思维的三大特征。其中，"互" 是指用户、企业、社会的充分互动，"联"是指人、产品、事物的有机联结，"网"是指市场、科技、平台组成网络体。围绕"互联网"三个字所隐含的逻辑体系，我总结出家电行业乃至传统企业进行"互联网+"转型升级的30条法则，以"颠覆与跨越"为题眼，为中国家电再造之路出谋划策。

转型、颠覆、超越、再造是一个掌握新知识、获取新能力、运用新工具的过程，出现问题、遭受挫折在所难免，关键是不能因此迷茫或放弃。互联网"尊重市场、回归人性"的本质，对于家电企业而言就是以满足用户需求为导向，更好地提升效率、扩大规模、降低成本，为用户提供超预期的产品与服务。实际上，这些要求与30年来中国家电企业前进的方向、追求的目标空前一致。

同样，观察者、写作者也会因为互联网变局面临新考验。昨天厮杀肉搏的对手今天结盟携手了，去年斩钉截铁的观点、言论今年又矢口否认，还有很多红极一时的产品、案例、模式，我提笔时还被奉若明星，到图书出版时已成凋零消逝，被视为笑料。家电行业的变化越来越快，而图书出版的流程依然缓慢，从策划到出版的一年里，书中的一些观点、案例可能已经反转，我不打算再做修改、推翻，一来以有涯追无涯遥遥无期，以不变应万变方得始终；二来客观记录时代变局中的成败对错正是写史者的态度，虽然这不是严格意义上的企业史。好在每个案例都有详细的时间节点，如果还原到彼时彼刻，任何分析、结论都有意义。

正如斯图尔特·克雷纳在其著作《管理百年》中所说："管理上没有最终的答案，只有永恒的追问。"面对瞬息万变的新时代，希望所有家电企业都不停地追问，不断地颠覆，通过再造，成为跟上时代步伐的"新公司"。

陈润

2015年9月18日于北京

序篇

互联网时代，颠覆与被颠覆

第一章

危机在左，机遇在右

时代终结：国际家电巨头衰亡启示录

北京时间 2014 年 11 月 4 日，索尼移动北京员工顶着 4 级寒风，扯着十几米长的条幅抗议索尼"暴力裁员"，一时间把索尼推向舆论的风口浪尖。不少人声称，索尼不久后将退出中国市场，虽然索尼很快否定了这种说法，但无法掩饰其在中国市场的失败。中国是索尼最大的海外市场，有人感叹，索尼失去了中国，基本等于失去了世界。

7.85 亿美元——这是索尼 2014 年第二季度公布的单季度亏损数额。自 2008 年以来的七年中，索尼公司已是第六年出现巨额亏损。

索尼 CEO 平井一夫表示，索尼正面临巨大挑战，为了应对困境，2014 年索尼将不派发年度股息，并重新调整发展策略，进行全球裁员。索尼的裁员举措不仅引发诸多臆想，更直接引发各种抗议。这个曾推出过半导体收音机、Walkman 随身听、特玲珑电视机等风靡全球的产品，在管理大师吉姆·柯林斯的著作《基业长青》中被誉为"高瞻远瞩"型的唯一亚洲企业，似乎摇摇欲坠，大厦将倾。

更令人担忧的是，索尼的困境并非个案，日本的家电巨头们，在蜂拥崛起之后陷入集体衰落。

回顾过去几年，日本家电行业一片惨淡。2011会计年度，索尼、松下和夏普同时发生巨额亏损，共计亏损达200亿美元。2012会计年度，这三大家电巨头继续严重亏损，索尼的电视部门连续10年亏损，松下的电视部门连续6年亏损，夏普亏损达54亿美元。2013会计年度索尼、松下继续巨亏，夏普盈利不到1亿美元，这还是在淡化家电的前提之下。

时间再拉长一点，或许会看得更清楚：自2008年以来，日本家电就开始走下坡路，黑白家电全面败退；2009年开始，日本已从原来的"家电王国"成为家电进口国。"家电之死"成为日本政经两界无法回避的话题。

日本家电神话的陨落有许多原因，比如自然灾害、日元升值、行业竞争激烈等。这些原因客观上加剧了家电业的衰亡。但是，冰冻三尺非一日之寒，像历史上许多行业巨擘陨落一样，它们是被时代渐渐遗弃。

电视机行业的风云变幻充分体现出了这一问题。曾几何时，索尼、夏普曾经主宰着全球电视机市场。当年的索尼Trinitron系列就如同今日之苹果，让许多用户尖叫。但是当其他电视机制造商向数字化转型的时候，索尼等日企还执着于音视频时代的理念，所以逐渐落后于欧美和韩国，市场份额被削减不少。当电视机开始互联网化之后，日本家电巨头还在坚持硬件至上的理念，把显示技术当作重中之重，忽视了快速成长的软件和服务领域。索尼总裁平井一夫依然认为索尼能够利用私有的技术开发出更具吸引力的电视机产品；松下一意孤行选择等离子显示技术；业务单一的夏普依然在等待液晶电视市场的回暖，不再有其他动作。在这样的形势下，日本家电企业又怎么能跟得上时代脚步呢?

在日本家电企业陷入萧条、衰亡的同时，近邻韩国的家电企业也初现疲态。

韩国三星电子发表的 2014 年第二季度财报显示，该季度营业利润为 70.2 亿美元，比上年同期减少 24.6%；第三季度财报更惨，营业利润仅为 39.0 亿美元，同比下滑 49%。这些营业利润中，移动通信业务占大头，具体到家电板块，营利仅为 650 万美元左右，而且这已经是连续四个季度出现营业利润下滑。

三星经营惨淡主要有两个原因：一是战线过长，二是软件劣势。三星走多元化产品战略，毛利率可观的高端产品，比如推出的手机 Galaxy S5，受到了来自苹果的 iPhone 6 和 iPhone 6 Plus 大屏手机的冲击，销量远远不及 Galaxy S4。对毛利率较低的低端产品线，三星采用"机海战术"。三星最初依靠在芯片、手机屏幕、基带等手机零配件上的供应链优势，价格有一定的竞争力，随着中低端市场竞争环境成熟，三星优势尽失。而且，三星手机应用商店几乎处于荒废状态，软件劣势影响了用户体验，竞争力必然会下降。

相比日韩，欧美家电企业的变革更加彻底——淡出或彻底放弃家电市场。

2014 年 9 月 12 日，美国通用电气宣布以 33 亿美元将旗下冰箱和洗衣机等家电业务出售给伊莱克斯；10 天后，德国西门子也宣布退出家电领域；荷兰飞利浦也将在华市场的电视业务出售给冠捷科技，仅保留剃须刀、空气净化器等业务。这并非偶然现象，过去 10 年来，欧美家电品牌盈利减少、本土化失败、频繁陷入"质量门"等负面事件，已呈现强弩之末的迹象。

现在断言欧美家电没落还言之过早，但是从大趋势来看，欧美家电行业倾向于转型，西门子将专注于工业、能源、医疗等盈利较高的核心业务，飞利浦将专注于医疗保健、照明等主要业务。欧美企业逐步淡出家电业已是不争的事实，这其实从另一个角度说明欧美家电企业已现颓势。

日本家电巨头衰亡，韩国家电品牌尽显疲态，欧美企业逐渐淡出家电行业，曾经红火一时的家电逐渐销声匿迹，家电产品供不应求、高盈利、低门槛的时代终结了。一个时代的终结，意味着另一个时代的开始。

外资巨头哀鸿遍野的景象，对于中国家电企业而言究竟是福是祸，是预示着"中国时代"的到来，还是预示着中国企业也将步其后尘？

满足即衰亡：中国家电企业的虚假繁荣

昔日辉煌，如今落寞，日韩、欧美家电在中国市场日渐萎缩、业绩惨淡，洋品牌在中国不再是"高端大气上档次"的代表，本土品牌逐渐成为叫得响、销售多、受用户欢迎的主流。

中国产业洞察网提供的数据显示，在 2013 年冰箱产业的国内市场，海尔占到 27.4% 的份额，海信约占 11.2%，美的约占 8.1%，三大冰箱品牌几乎占据国内市场的一半。奥维咨询发布的 2013 年中国电视市场占有率报告显示，市场占有率排名前五的均为国产品牌，分别为创维、海信、TCL、长虹和康佳；而中怡康的数据显示，前五名分别为海信、创维、TCL、长虹、康佳。在 2013 年的空调市场，格力占据 27.3% 的市场份额，美的占 20.9%，海尔占 12.9%，三大国产品牌占到国内市场的 61.1%。在热水器、豆浆机等小家电市场，中国品牌也有很高的市场占有率。

与此同时，海尔、格力、海信、美的等企业都开始以自有品牌出击海外市场，并取得了一定成绩。据海尔公布的数据，2014 年上半年，在欧洲市场，海尔电视的业绩同比增幅达 14.9%，商用空调增幅达 11.6%；在美洲市场，海尔波轮洗衣机同比增长 2.7%，家用空调同比增长 9.5%，冷柜同比增长 24.1%。海信于 2009 年进入欧洲，在 5 年内，仅电视业务营业额就接近 2 亿美元。2013 年海信出口电视约 370

万台，2014 年海外市场规模大幅增长，市场占有率跃居全球第四位。创维数码提供的数据显示：2014 年 8 月份电视机海外销量达到 28.8 万台，总销售额与上年同期相比上升了 40%。

苏宁董事长张近东曾指出："30 多年来，中国家电制造业从无到有、从小到大、从弱到强；技术和产品的进步，从简单到多样、从粗放到精益求精、从传统到时尚；资本和市场的拓展，从区域到全国、从国内到国际。"

时至今日，中国品牌不仅在国内市场份额领先，而且积极迈出国门，崛起的势头已经显露。每个人都欢欣鼓舞，认为中国家电将走向全世界，在全球市场摧城拔寨，独占鳌头。然而，逆境且从容，顺境须警醒，中国家电企业任重而道远。我们今日所见的景象，其实是虚假繁荣，在即将到来的智能家电时代，倒闭、衰亡的惨状还将一再上演。

国内家电企业的通用战术几乎都是价格战。从 20 世纪 80 年代后期长虹创始人倪润峰举起价格屠刀开始，国内家电价格战已经打了近 30 年，"价格屠夫"前赴后继。家电价格战成为常态，企业利润被不断压缩，随着原材料、人工成本飞涨和人口红利消失，中国家电企业的未来充满挑战。

要想避免价格战，就要解决产业空心化、"缺芯少屏"、不会吃"软"饭等弊病。国产家电品牌因为未掌握屏幕和芯片的核心技术，无法从源头上实现产品的定价权。而且，硬件和软件发展不同步，软件发展落后造成应用场景碎片化。生产出来的产品同质化严重，行业利润空间被拉低，为了区别于其他家电产品，只能打价格战。

除此之外，家电行业与用户交互困难。虽然中国家电企业近年来进步明显，力争与消费者建立更多联系，不过与小米、乐视等进军家电业的互联网企业相比仍然有差距。传统家电制造商和消费者中间隔着一层层经销商、代理商、大卖场等，而小米直接通过网上平台就能接触到消费者。虽然许多家电企业也有自媒体或者电商平台，但是在与用户建立联系上，和小米等互联网企业不在同一个层次。在这个"卖硬不如卖软，功能不如体验"的年代，与用户交互的能力实质上就是获取消费者口碑的能力，直接关系到市场营销、产品创新和用户满意度。

还有一个更重要的原因在于，从"中国制造"到"中国品牌"的转型并不顺利，尤其是在海外市场仍然困难重重。市场调研机构欧睿国际发布的一份数据显示：中国制造的产量在全球占比高达 40.5%，但中国品牌的海外占比却仅有 2.9%。由此可以看出，一大批中国制造商"走出去"还有困难，商业价值链利润最丰厚的那部分蛋糕还在别人的盘子里。要想真正实现高盈利，避免饮鸩止渴的价格战，就必须完成从"中国制造"到"中国品牌"的转变。

对于中国家电企业来说，如何解决核心技术、软硬件结合以及与用户的交互问题是必须翻越的"三座大山"。不能彻底解决这三个问题，不管中国家电企业规模有多大、掌握多少渠道控制权，一颗互联网思维的炸弹就能造成家电行业大面积伤亡。

中国家电企业一路穿过泥泞沼泽和荆棘，斗志昂扬地走进鲜花丛中，赞誉和掌声令人忘乎所以，然而花丛深处可能就是悬崖，企业如果不谋划长远，很可能坠落衰亡。

智能家居：中国家电行业的第五次浪潮

如果要选择一个行业来代表中国制造的升级路径和改革开放的艰辛历程，非家电业莫属。

自 20 世纪 70 年代末开始，中国家电企业逐波踏浪，用 30 年时间完成了别国上百年才能完成的跨越。而中国企业家的成长路径和商业环境变迁，也在价格战、广告战、渠道战、科技战、并购战等系列商战中一览无余。回望波澜壮阔的中国家电

30 年商业史，以发展的节点和特征而论，一共出现过五次浪潮。

第一次浪潮是"家电元年"。如果将 1984 年称为"中国企业元年"的话，那么将 1985 年视为"中国家电企业元年"毫不夸张，这一年发生的几件大事对整个行业后来的发展影响深远：青岛海尔的张瑞敏在上任的第二年就当着全体工人的面，拿大锤狠心砸毁 76 台问题冰箱；28 岁的李东生出任 TCL 通讯设备有限公司总经理，公司业务由磁带转型为程控设备和电话机；军人出身的倪润峰出任长虹电视机厂厂长，喊出"超越日本松下"的口号；陶建幸调任泰州冷气设备厂厂长，大刀阔斧地重定规章制度及实施细则；创业已 27 年的何享健借广州航海仪器厂的生产线上马空调，美的从此由电风扇转向空调领域⋯⋯

不过，这些后来的大佬当时只是家电舞台上的龙套角色，那时唱主角的是松下、索尼、三洋、西门子等进口品牌。进入 20 世纪 90 年代之后，本土企业家纷纷以自己擅长的方式"野蛮生长"，从洋品牌手中收复失地。经过近 20 年的激烈厮杀，家电行业利润薄如刀片，利润率长期在 2% ~ 3% 徘徊。与此形成鲜明对比的是，互联网、汽车、房地产等行业异军突起，一夜暴富的故事不断上演，在微利中拼得头破血流的家电商人们绝不甘心只做旁观者，拼命寻找利润沃土。进入 2000 年之后，家电行业的四次浪潮接踵而至。

第二次浪潮是"触网"。20 世纪即将结束时，家电商人追赶互联网"末班车"的壮观场面令马云等"小青年"惊出一身冷汗。2000 年 3 月 9 日，海尔、美的不约而同地宣布进军电子商务，前者宣布成立海尔电子商务有限公司，注册资本为 1000 万元，利用已有的配送、支付网络的优势进军电子商务；后者表示将组建信息产业事业部，计划投资 5 亿 ~ 10 亿元拓展信息技术及互联网业务的发展，建立家电制造之外的第二支柱产业。此后，家电企业进军互联网的浪潮更加猛烈。4 月 27 日，TCL、创维、厦华、海信、澳柯玛等 14 家知名家电企业与新浪网共建新浪家电商城；

5月21日，陈伟荣宣布康佳与华侨城控股公司、华侨城房地产公司合资组建康佳联合电子商务有限公司，注册资本3000万元……

然而，随着2003年前后全球互联网泡沫破裂，家电行业的互联网梦想被残酷的现实撞得支离破碎，轰轰烈烈的"互联网浪潮"还未泛起涟漪，就已成一潭死水。恰在此时，第三次浪潮席卷而来——"造车"浪潮。1994年年底，春兰投资20多亿元进军摩托车领域，1997年其又以7.2亿元接手南京东风汽车公司，春兰"重卡"一度杀入国内同行业前五名；2003年8月26日，美的与云南省人民政府签署"云南美的汽车整合项目"，此后三年中陆续收购云南客车厂、湖南三湘客车和云南航天神州汽车有限公司三家企业；2003年10月，波导斥资1亿元收购无锡汽车车身有限公司58%的股权，希望在汽车行业再现辉煌；当月，奥克斯斥资4000多万元收购沈阳双马汽车有限公司95%的股权，2004年4月，奥克斯多款SUV车型在全国上市。格林柯尔、西安比亚迪、厦门夏新等十余家家电企业也纷纷试水汽车行业。

但"造车运动"再次全面失败。2004年8月，波导从无锡汽车车身有限公司全盘撤资；2005年3月23日，奥克斯宣布退出汽车行业；2006年年底，顾雏军入狱，格林柯尔全面退出亚星客车；2008年7月，苦苦支撑11年的陶建幸在惨淡中黯然退出汽车市场；2009年7月25日，美的出售三湘客车。在技术、资金、市场等方面均有缺失的局面中，"家电造车"最终难逃退场命运。

好在房地产业依旧坚挺，这多少给失意的家电企业家一丝慰藉，第四次浪潮随之出现——"房地产"。早在1992年，美的就成立了房产公司；1995年，青岛海信房地产股份有限公司成立，并逐渐发展成海信集团的主导产业；2002年，海尔地产公司成立；2004年，李东生试水地产领域，先后在惠州、深圳两地成立TCL房地产有限公司。此外，格力、康佳、创维等知名家电企业都已进入地产行业。

客观来说，中国的家电企业家始终是令人尊敬的商业典范，深谙专注与坚守的重要意义，更背负"中国制造"的声誉和责任，但是前提是生存与发展，在美丽机遇与残酷现实面前，谁都无法抑制多元化、跨界突围的冲动。显而易见，在互联网、造车、房地产这三次浪潮中，家电行业面对诱惑时显得软弱又贪婪，以致迷失自我，期望在并不熟悉的领域名利双收，重新站到商业舞台的正中央。可惜，这些背离常道的冒险难逃失败噩运。

此后十年间，家电行业一直在长夜中摸索前行，期待重见天日。直到 2014 年，终于迎来第五次浪潮——智能家居。这是真正属于家电行业的时代机遇。

2014 年以来，互联网巨头、创业公司等纷纷进入智能家居领域，智能家居已成为一个新的热点领域。3 月 11 日开展的 2015 年中国家电及消费电子博览会（AWE，简称家博会）上人来人往，热闹非凡。展品琳琅满目，多与智能家居有关。奇虎 360、京东、海尔、美的等厂商都搭建了各自的智能家居样板间，包括智慧书屋、智慧客厅、智慧卧室等，让参观者全面体验未来智能家居生活。2013 年，智能家居在国内还仅仅是一个模糊的概念，甚至被很多人认为是泡沫。但是仅仅一年后，智能家居产品已经落地，并且在产业内如火如荼地展开。

2015 年的全国"两会"上，李克强总理提出"互联网＋"战略，瞬间成为热点话题，可见互联网企业和传统企业都已经认识到了改革的重要性。传统家电企业和互联网企业的磨合已经进入后期，一方面家电制造业成为新的互联网入口，另一方面互联网成为家电企业的创新引擎。而传统家电制造业和互联网企业无缝对接的最好落地点便是智能家居。

全国"两会"和家博会透露出的信号已经十分明确：随着领跑者制度推出，家电企业正在面临新一轮的机遇，智能家居浪潮汹涌。根据国外研究机构 Juniper Research 提供的研究报告，到 2018 年，智能家居市场总规模将达到 710 亿美元，这块蛋糕足够大，目前市场还是一片蓝海。

传统家电制造业要想柳暗花明，告别行业低谷，必须在第五次浪潮中扬帆起航，乘风破浪。

10 亿元赌局：雷军对撼董明珠

"昨天我在网上看了一篇文章，听说小米和美的合作了，董明珠有点急，我急什么。美的偷格力的专利，法院判你赔我两百万，小米和美的，两个骗子在一起，那就是小偷集团。"

这是董明珠在 2014 年 12 月 14 日中国企业领袖年会上的讲话。这位以"铁娘子"著称于世的格力掌门人乃性情中人，坦率敢言，但是如此尖锐和武断的评价还是在业内引起轩然大波。曾经引发舆论热议的雷军与董明珠的"对赌"故事，又上演了新的戏码，故事变得更微妙起来。

2013 年 12 月 12 日，在央视 2013 年中国经济年度人物颁奖晚会上，雷军和董明珠就企业发展模式进行了激烈争辩。董明珠称小米没有工厂，不拥有核心技术；雷军则说格力不懂互联网思维，模式落后，顽固守旧。两人互不相让，最终演化成赌局：5 年后如果小米销售额超过格力，董明珠输给雷军 10 亿元，反之亦然。10 亿元赌局就此形成。

谦谦君子形象的雷军对比坦率耿直的董明珠，小米的互联网思维和格力的工业精神在反差中相互冲撞。这次赌局背后，实质上是互联网科技企业和传统制造企业两种商业模式之争。

面对杀气腾腾的昔日"营销女皇"，面对当时销售额几乎是小米 4 倍的格力帝国，雷军的底气何在？

小米的优势有二：一是互联网模式，二是格局。

小米公司成立不到 5 年，格力已成立近 30 年；小米达到 600 亿元营业额用了不到 5 年，格力用了 20 多年；小米每年营业额增长 1 倍左右，格力近几年每年大致增长 200 亿元左右。当然，横向地比较营业额和增长率太过简单，但是这也充分说明以小米为代表的互联网模式发展速度惊人。

互联网公司属于"轻"资产，方便突击和掉头，效率高，能深入群众。雷军说互联网思维是"专注极致口碑快"，这"七字诀"的主要特点是"轻"和"口碑"。"轻"体现在"零工厂""零实体店"，保证了小米的成本低，效率高，没有库存压力。小米利用电商直销，搞"饥饿营销"，产品供不应求，哪里还会有库存压力。"口碑"体现在小米专注于手机设计和用户体验，并注重与用户交流，拉近与用户的距离。

格力模式则注重渠道和技术，格力有 5 万家店面，有 1.4 万项专利，有 20 多年的经验积累。格力在硬件上做得很好，但是在体验经济时代，消费者的口碑和体验决定了哪个企业能成功。格力的核心技术并非大多数用户关心的重点，尽管这是产品质量的必备要素，可只要基本功能不缺，一些冗余、非常用功能消费者并不需要。

除了互联网模式，小米的格局也是敢于和格力叫板的重要武器。雷军的爱好是下围棋，下围棋最讲究谋篇布局。小米正在下一盘很大的棋，绝不仅仅像外界所看到的"软件＋硬件＋互联网服务"这简单的铁人三项。小米这几年投资了地图（凯立德）、医疗（health）、金融（米币、积木盒子）、影视（华策影视）、视频（爱奇艺、优酷）、家居（美的）等数十个领域的上百家企业，自身只生产智能手机、路由器、电视、智能手环等设备，正在逐渐构建起自己的生态圈。

如果大家还是简单地以为小米只进入了智能穿戴和家居领域，那么可以看下表。

小米产品的应用场景

场所	家	办公室	消费、娱乐场所	路上
小米产品	电视、手机、平板电脑等	路由器、平板电脑	地图、互联网金融、米聊、移动医疗	智能手机、智能手环等可穿戴产品、地图

以此观之,小米最终的布局是占领所有场所,令有人的地方就有小米,有需求的时候就离不开小米。当雷军"复制100个小米"的目标实现后,小米生态系统将成为商家和用户交互必不可少的途径。小米将成为下一个互联网巨头。

董明珠似乎还没看透雷军的格局。董明珠是1954年生人,已经在商场打拼30多年,经历了工业思维的盛行和制造业的迅速发展阶段,她自己因此成为时代榜样,成就卓著,工业精神已经成为她内心无法释怀的情结。可是,互联网不再只是一个工具,雷军已经把互联网思维上升到哲学的层面,深入小米的骨髓。

与小米对比,格力的产品涉及的场所见下表。

格力产品的应用场景

场所	家庭	办公室	消费、娱乐场所	路上
格力产品	空调、冰箱、小家电	空调	空调	?

格力除了空调,还是空调。格力注重产品技术和质量,这是对用户负责,值得学习。但是,未来的产品结构必然要成体系,软硬件共同发展。谁占据的入口多,内容多,交互性强,谁就能占领未来的市场。格力一直强调技术,说到底还是在做空调,和小米的格局没法比。这样看来,除非未来格力从基因上进行改革,不然胜算不大。

时至今日,董明珠似乎也认识到形势不容乐观,开始转移论点,让小米"要比你跟华为比""你和我一个做空调的有什么可比的"。

"10亿元赌局"应该引发所有家电企业深入思考：这是谁的时代？这固然是雷军等互联网企业的时代，但也是包括家电在内的所有中国制造企业的时代。格力每年卖出空调达到数千万台，有很成熟、优秀的技术和渠道，可是如果和互联网公司合作呢？美的与小米的合作已经为格力提供借鉴，若能把"硬件"变成"终端"，潜力巨大。

赌局可以放下，战争仍在继续。"我们是推动变革的先锋，但先锋能否成为行业真正的领导者，取决于我们今后的努力。"雷军的这句话送给董明珠、送给传统家电行业十分合适。

雷军对撼董明珠，"歪歪斜斜地刺出一剑"，让家电行业惊出一身冷汗，因为这一剑看似随意，背后却蕴含互联网思维的精髓。家电企业应该自我颠覆，主动求变，结合自身优势，以一种更新的商业模式和思维经营企业。假如这场新商业模式和旧商业模式的赌局变为新商业模式之间的比拼，那会是中国企业的幸事。

其实，赌局背后，还隐藏着一个更重要的信号，它意味着中国家电行业进入了新的时代。

没有成功的企业，只有时代的企业

"没有成功的企业，只有时代的企业。所有的企业都要跟上时代的步伐才能生存，但是时代变迁太快，所以必须不断地挑战自我、战胜自我。"

这是张瑞敏2014年在沃顿商学院的讲话。20世纪40年代末出生的张瑞敏如今已近70岁，还站在家电行业变革的最前端，思考并实践最新的管理方式，让人敬佩。从商30余年，他看到太多企业兴盛衰亡的故事，临退休之际发出的"逆耳忠言"，值得深思。

摩托罗拉曾是模拟时代的霸主，一度是"大哥大"的代名词。据市场调查公司Gartner的数据显示，1994年，摩托罗拉以32.5%的份额在全球手机市场独占鳌头。然而，胜利让摩托罗拉过于自信，沉迷于过去，看不清时代发展的方向。前摩托罗拉中国区董事长赖炳荣曾于1994年前往美国拜访摩托罗拉高层，当时他就向摩托罗拉提出两个问题：第一代模拟技术向第二代数字技术的过渡将发生在哪一年？GSM制式和CDMA制式这两个第二代通信技术更看好哪一个？赖炳荣得到的回答是"2000年"和"CDMA"。然而，两年后数字技术就基本取代了模拟技术，比摩托罗拉高层的预测整整早4年；另一个答案也被证实是错误的——到2007年，世界上82%的手机都使用GSM制式。摩托罗拉看错了时间表，没有搭上数字时代的列车，最终被时代抛弃。2011年，摩托罗拉移动被谷歌收购，三年后又被转卖给联想，命运堪称颠沛流离。

接替摩托罗拉登顶手机王位的是诺基亚。1998年，诺基亚成为全球市场份额最大的手机制造商。"你眨眼的一瞬间，世界上就有4部诺基亚手机被卖出"是诺基亚鼎盛时期的生动概括。然而，其兴也勃焉，其亡也忽焉。诺基亚王朝从兴盛到衰亡也不过10余年。

从2007年开始，诺基亚就已经显露颓势。这一年有两大事件对诺基亚衰亡产生了重大影响：一件是苹果推出iPhone，另一件是谷歌的安卓（Android）开源。

乔布斯的iPhone已经超出功能机的范围，严格来说已经不是传统的"手机"，大屏、智能、应用商店，更像是能拿在手上的电脑。苹果符合移动互联时代消费者的需求：高速发展的时代竞争加剧，人们渴望利用碎片化的时间去处理事务，也更愿意在繁忙之余追求更好的使用体验。所以，iPhone一经推出就预告了诺基亚的未来：如若不迅速颠覆自己，就将被时代颠覆。

对诺基亚影响重大的另一个因素是安卓（Android）开源。谷歌安卓一经开源，诺基亚的塞班（Symbian）系统就迅速衰落了。相比塞班的封闭和复杂，开源的安卓很快被大部分厂家接受。2009年，安卓手机只有1.6%的市场份额，而到了2013年年底，这个数字火箭般蹿升到80%。同一时间，诺基亚的市场份额从近40%骤降到几乎可以忽略不计。安卓手机最大的优势是应用多、体验好。消费者更愿意用安卓手机，使手机生产厂商更多选用安卓系统。反观诺基亚，是先被厂商抛弃，再被消费者抛弃。诺基亚移动业务最终被微软收购，称霸10余年，最终只留下一代人的唏嘘感叹。

没有成功的企业，只有时代的企业，所谓成功的企业只是踏准了时代的节拍。优胜劣汰，适者生存，这正是市场经济的本质。

不仅仅是手机行业，各行各业莫不如此。爱迪生的电灯将煤气灯行业打得一败涂地；数字时代让索尼、柯达迅速没落；IBM曾经的市场份额大到让人害怕，现在也暮气沉重。今天的巨头未必不会倒在下一个时代，而新兵未必不会在新时代站上行业巅峰。

现在到了互联网时代，这些理论我认为都被颠覆了。首先第一个原因是零距离：企业和用户之间是零距离，从原来企业大规模制造变成大规模定制，所以生产线要改变；第二个是去中心化：互联网时代每个人都是中心，没有中心，没有领导，因此科层制也需要被改变。第三个是分布式管理，全球的资源我都可以利用，全球都是我的人力资源部。可见，这些原来的一般管理理论，在今天并不适用了，这一切都给我们带来非常非常大的变化。

互联网时代，传统家电行业有许多理论不再适用，企业既有的观念、组织、战略都要被颠覆。不自我革命，迟早就会被时代革命。这是最好的时代，也是最坏的时代。2014年，中国智能家电元年到来，互联网重新定义家电，家电行业面临大洗牌。值得提醒的是，要跟上时代的节奏，不仅仅要掌握先进技术，更要学会新时代的思维方式。

互联网思维并不是与生俱来的基因，而是一种可以学习和掌握的思维方式。中国家电企业跟得上互联网时代就是机遇，跟不上就是危机，就要被颠覆。家电企业拥抱互联网思维刻不容缓。

时代发生变化时，能生存下来的企业，不是资源雄厚的大企业，也不是偏安一隅的小企业，而是适应能力强、敢于主动颠覆、拥抱时代的企业。时代的企业是随着时代变化，不断自我颠覆，凤凰涅槃的企业。

成功的企业风光一时，时代的企业基业长青。

第二章

盛世危机：死在最成功的基因里

破坏性创新：只破坏，不创新

从定点生产到产品快速更新迭代，从注重产品质量到注重体验效果，从只卖产品到"产品＋服务"，从百货、代理、连锁、直营到电商渠道，家电企业凭借创新一路走来，取得了不错的成绩，也建立起强大的自信。中国制造业每一次变化，家电行业都走在改革创新的最前端，值得自豪和骄傲。

今天，互联网企业跨界进入家电领域，对家电行业形成强烈冲击。家电企业同样意识到需要变革，需要创新，特别是一些新崛起的家电企业喊出要进行"颠覆性创新""破坏性创新"的口号，时机把握也不算太迟。任何时候都不应反对发展和创新，然而需要警惕的是：随波逐流的创新不能长久，没有方向的创新没有效率，破而不立的创新终将失败。有些家电企业急着要做第一个从黑暗里走出来的英雄，盲目创新，最终曲解了破坏性创新的本意。

张瑞敏说："先做正确的事，再正确地做事。"在采取合适的行动之前，我们必须明白自己走在什么样的路上，进行的"创新"是否合适，避免给企业造成重大损失。

美国哈佛大学教授克莱顿·克里斯坦在著作《创新者的窘境》中清晰地解释了何谓破坏性创新。"破坏性创新"是指将产品或服务透过简易的创新，并以低价和简单实用为特色，针对特殊目标消费族群，突破现有市场份额。破坏性创新是"破坏者"与"被破坏者"的故事，企业要力争成为"破坏者"，避免成为"被破坏者"。

破坏性创新的发展模式有两种：一种是以低质、低价方式进入市场，首先获得非主流低端消费者的认可，在不断发展的过程中进行产品升级，进而影响主流消费人群，最终成为主流产品。比如360杀毒软件，先以免费形式进入市场，获得首批用户，收集数据，不断进行产品改进并吞噬其他品牌市场份额，最终成为主流杀毒软件。

这种模式的发展途径可以用下图表示。

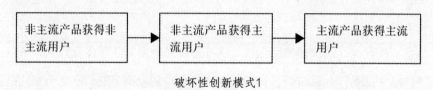

破坏性创新模式1

这类案例不胜枚举，比如简单、便宜的石英电子表抢占机械表的市场份额；傻瓜照相机逐渐取代模拟摄像机；日韩汽车以低价、省油的优点进入北美市场等。商人逐利，消费者挑剔，价格便宜的好东西总能打动人心。

另一种模式是预期到主流产品的空白地带，进入一个新的市场，随着新市场迅速扩展，最终吞噬主流市场，成为主流产品。比如平板电脑进入了个人电脑市场在移动互联市场的空白地带，迅速发展，最终影响个人电脑制造商。这种模式的发展路径如下图所示：

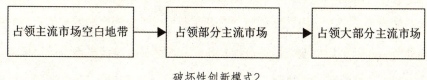

破坏性创新模式2

平板电脑在功能上未必能代替个人电脑，但是其便携性却吸引了消费者眼球。同样，厂家在创新产品时，未必只有增加功能强度、不断升级一条路。破坏性创新是发现新的需求点、新的市场蓝海，而不是固有产品的升级。

无论是哪一种破坏性创新模式，其本质都是把为消费者创造价值作为宗旨。要么是价格上的创新，要么是体验上的创新。只有为消费者创造价值，创新才有意义。

不过，破坏性创新有两把斧头：一把是不太复杂的产品结构和技术变革，另一把是低价特色。凭借这两把斧头为消费者提供方便，去开辟新的需求，占领低端市场或新兴市场。而伪破坏性创新也有两把斧头：一把是低质，一把是低价。它们依仗这两把斧头在市场里横冲直撞，只有破坏，没有建设。破坏性创新是"李逵"，虽然横冲直撞，鲁莽简单，但是其出发点在于建设；伪破坏性创新是"李鬼"，胡挥乱砍，肆意破坏，落脚点在于破坏。

伪破坏性创新的发展模式也有两种：一种是以山寨别人的产品作为出发点，通过山寨和低价来搅乱市场，浑水摸鱼。这种模式的特点是紧盯市场，把市场上卖得好、价格高的主流产品作为山寨对象，简单地改变一下外观，甚至只是改变一下标识和颜色，就把这个产品作为主打产品推向市场。这种山寨产品研发成本几乎为零，所以能够以低价出售，而其外观时尚度不输被仿造者，能获得消费水平不高的群体认可。

这种发展模式如下图所示：

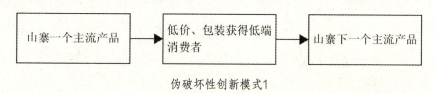

伪破坏性创新模式1

　　山寨模式是典型的伪破坏性创新，它一方面损害了主流产品厂家的权益，一方面欺瞒消费者，只是简单地破坏了市场，并没有为产品进步或者消费者带来太多新的价值，所以山寨模式不能长久。企业为追逐暴利，山寨其他产品的现象很普遍。在国外，"Made in China"一度是"廉价""山寨"的代名词。

　　另一种模式是专利侵权，通过使用别人的专利提升产品性能，最终达到销售产品、占领市场的目的。中国在知识产权保护方面做得还不够好，专利案件审查比较困难，审查期较长，一些企业抓住这个漏洞，在禁止其侵权之前加速销售，获得盈利。

　　模式示意图如下图所示：

伪破坏性创新模式2

　　重规模、轻研发，对专利实行拿来主义，最终将被法律制裁，给企业带来惨重损失。比如乐华空调曾被誉为中国空调业的黑马，凭借低价获得空调市场不少份额，但是因为剽窃"带灯饰的单元式空气调节机"等技术专利被诉诸法律，并被禁止售卖部分机型。最终"黑马"变成"死马"，乐华空调在2004年黯然退出中国空调市场。

　　伪破坏性创新的两种模式，本质上都是重盈利轻研发、打着低价的幌子去破坏市场，获得微薄利润。以牺牲自身的利润率获得生存空间，利用低价加广告轰炸迅速扩大市场份额，通过这些手段拔苗助长，并不是真正的成长。

　　伪破坏性创新对企业的伤害是惨重的，影响企业的品牌美誉度和企业新产品的研发以及需求的创造。身处制造业前沿的中国家电企业，模仿式创新曾是它们无可比拟的优势。通过模仿创新占领国内市场，并走出国门，不失为企业发展初期的捷径之一。然而在企业做大做强之后，不能再像以前一样重规模、轻研发，必须有所开创，自主创新。

一些中小型家电企业要大胆进行破坏性创新，以低廉的价格、简单便捷的操作和更好的用户体验，迎合低端用户，在市场站稳脚跟。有一定市场份额后，迅速进入改良周期，推出更好的产品。切忌进行盲目模仿、山寨、侵权等伪破坏性创新。

较大型的家电企业已经有了一定的市场份额和消费群体，但是同样要有破坏性创新精神，谨防被后来者颠覆。大企业的破坏性创新可以分拆出一个独立的机构，或者收购一家与破坏性市场规模相匹配的小企业，从而摆脱来自原有主流消费者、投资者、价值链及组织结构的制约。但是切忌进入无利润区，分拆机构要以较小的规模实现盈利，才能持续发展下去。

"管理层做出的合理和适当的决策，可能会对企业的成功起着至关重要的作用，但也可能导致企业丧失其市场领先地位。"这是克莱顿·克里斯坦指出的创新者所面临的困境。伪破坏性创新是家电企业管理必须谨防的错误，如果把为消费者创造价值从而创造需求，变成了以低价破坏市场，就是把"李逵"变成"李鬼"，最终将给企业带来不可估量的损失。

死于技术：延续性技术改革饮鸩止渴

"我被骗了。"2014年6月，鸿海集团董事长郭台铭接受《东洋经济周刊》访问时，关于"鸿夏恋"，他开头就说了这句话。许多人认为夏普和鸿海将有深度合作，但双方却在几轮拉锯之后分道扬镳，其中一个很重要的原因是夏普不愿使核心技术外流。

2012年，夏普财政困难，产品市场份额剧降，奄奄一息，急需救命资金。但是即便如此，面对鸿海的巨额资金诱惑，夏普仍抱紧核心技术，态度似是而非，不愿和鸿海深度合作。技术曾让夏普走上神坛，这次却让它跌落深渊。让夏普走向神坛的是颠覆性技术①，让夏普坠落的是延续性技术②。

夏普作为家电行业的百年企业，至少有 20 项全球第一或日本首创的产品。1953 年，夏普推出日本第一台黑白电视机，1960 年推出第一台彩色电视机；此外，夏普还发明了全球第一台液晶显示计算器、液晶电视、液晶摄录像机，被冠以"液晶之父"的称号。夏普的这些创新都是颠覆性创新，将液晶电视的生产技术推上巅峰，完全符合管理学中透过技术领先取得附加价值的策略。从 2001 年到 2007 年，夏普的利润增长了 8 倍，成为全球最赚钱的公司之一。

然而，在成为顶级企业后，夏普在技术改革上却逐渐迷失方向，过于看重已有技术，追求在已有技术上纵向延续性研发，对技术细节达到痴迷的程度，但是在颠覆性技术方面却再无建树。

最明显的例子是"四原色彩电"。一般的电视制造商都是在红、绿、蓝三种颜色的基础上进行调色，但是夏普执意加入黄色，使可显示色彩数从 10 亿色跳升到 1 万亿色，这使夏普极大地增加了研发和制造成本。在 2012 年日本东京电子展上，夏普这款彩电和 LG 品牌的彩电并肩而列，观众大多只在 LG 面前驻足，并没有人发现夏普和 LG 在画质上的区别，他们已经无法辨别这么精细的色差了，而 LG 的价格只是夏普的一半。当行业和整体技术水平发展到一定阶段以后，延续性技术创新很难再给消费者带来超预期的感受。盲目追求延续性技术成了夏普继续发展的阻碍，很快被三星等企业超越。

"在机关枪面前，这个形意拳、八卦掌、太极拳是一样的。"马云这样说。延续性技术改革只是把青铜器换成铁器，颠覆性技术改革则是把冷兵器变成热兵器。如果只是一味追求技术的延续，而不关注当下和未来的趋势，那么延续性技术改革

---

① 颠覆性技术：通过挑战和颠覆从而取代原有主流技术的技术。
② 延续性技术：对原有技术做增量和改进的技术。

也只是饮鸩止渴。当你还在挖掘某一种技术的纵向潜力时，别人已经从另一个层面对你进行颠覆了。

中国家电企业显然已经意识到技术的重要性，近几年来在技术创新上硕果累累。比如格力在2009年就成功地将温湿度独立控制理念应用在离心式冷水机组上，实现了相比常规定频离心机组产品省电30%的节能效果，由此将大型冷水机组的技术门槛提高至一个全新的高度。格力还先后发布了双级变频压缩技术、1赫兹变频技术、高效直流变频离心机等一批重量级自主技术革新成果。然而不可否认的是，目前中国家电企业的颠覆性技术仍然较少，原创产品中几乎看不到中国家电企业的名字。

那么，中国家电企业如何做颠覆性技术创新？

一是要建立颠覆性技术创新的常态化机制。一套成熟的机制是进行颠覆性创新的基础，比如美国的颠覆性技术就有多个组织配合，像美国国家研究理事会下设的国防情报局技术预测和审查委员会、未来颠覆性技术预测委员会，美国高级研究与发展组织内专设的"颠覆性技术办公室"等。中国家电企业也应建立专门的部门去捕捉和发展颠覆性技术，比如一些家电领导品牌已经成立新技术实验室、设立创新技术奖励机制、建立颠覆性技术预测部门等。

二是把技术发展方向和市场机制相结合。技术发展和市场需求相结合能推动颠覆性技术的发展。一方面，要打造颠覆性技术成长的温床，与其他新兴技术一样，颠覆性技术的发展有一个成长的过程，企业应长远看待颠覆性技术，进行培育和支持。另一方面，要把技术转化为市场，企业要建立颠覆性技术的转化机制，将技术更好、更快地转化为能盈利的产品。对于家电企业来说，家电智能化、环保节能化、个性化是主要市场需求，也是颠覆性技术发展的主要方向。

三是强化基础技术研究和交叉学科研究。无数案例证明，无论是市场需求带来的颠覆性技术，还是依靠重大科技突破带来的颠覆性技术，都必须夯实基础研究。

除了基础技术外，兰德公司在有关研究报告中指出，颠覆性技术往往源于各项交叉学科技术的融合。未来的技术发展也将越来越依赖多种学科的综合、渗透和交叉。家电企业目前已意识到了学科交叉的重要性，许多家电企业开始和通信企业、互联网企业进行合作，如海尔和阿里巴巴、美的和小米、格力和阿里巴巴的合作等，以期孕育出颠覆性技术新的生长点。

进入 21 世纪后，全球化、技术革新、信息传递等方面的发展越来越快，家电行业的形势更是风云变幻。在当前技术进步和产品变革急剧变化的时代，家电企业应充分重视颠覆性技术可能带来的机遇和挑战，选择恰当的战略和战术，积极求变。不能满足于现有生产规模的扩大和低成本优势，而是加强对前沿技术的开发和产业化，不断提升企业自身的技术革新能力，抢占产业发展的制高点。

品牌"软骨症"：做广告不如做口碑

作为冰箱行业的领先者，新飞曾辉煌一时。当年"新飞广告做得好，不如新飞冰箱好"这句广告语几乎家喻户晓。

20 世纪 90 年代的新飞电器，盈利高，生产的冰箱供不应求，员工待遇福利很好，"宁去新飞，不去银行"成为当时新飞员工的口头禅。然而 10 多年后，新飞电器不仅未能延续品牌优势，反而因大幅度亏损招致员工的不满。2012 年，新飞员工因为待遇太低，还举行了多次罢工。

从"宁去新飞，不去银行"，到现在的员工大范围罢工，不难看出新飞电器这十几年来的没落。新飞电器已经从当初家喻户晓的著名品牌，沦落为被外资收购的边缘品牌。

不止新飞一家企业，中国家电市场上曾出现的众多头顶围绕着各种光环的知名品牌，在不到 10 年时间里，快速崛起又快速衰落，被市场无情地淘汰出局。

这些品牌迅速崛起又迅速衰落的原因有两点：一是盲目烧钱争当广告"标王"，抓住消费者眼球，没有和消费者建立友好关系；二是靠广告做出来的产品，消费者并不真正了解，一旦出现品牌危机，对品牌的维护很难，用户黏性不够。

这样的案例还有太多。如爱多 VCD，爱多公司于 1995 年 7 月成立，创始人是胡志标。仅仅成立了两个月，爱多的广告便在中央电视台播出。胡志标为了抓住观众眼球，把千辛万苦贷到的几百万元都一股脑儿投进了中央电视台，只留下一小部分买原材料，买下体育新闻前的 5 秒标版，举动十分疯狂，当时也取得了不错的宣传效果。然而疯狂的事情远不止于此，1997 年 11 月，爱多以 2.1 亿元标价击败所有竞争对手，勇夺 CCTV 1998 年"标王"，胡志标本人也被称为"标王"。1998 年 1 月，"标王"再次出击，推出由张艺谋导演、成龙主演的爱多广告："爱多 VCD，好功夫"。而光是这则广告导演和演员的价码就花费了爱多将近一年的盈利。由于当时信息传播的主要渠道就是电视，消费者获得信息后无从判断产品的品质。许多消费者认为央视放了广告的就是名牌，就是好产品。所以，爱多在信息相对落后的年代很快取得了成功。20 世纪 90 年代后期，爱多 VCD 凭借"广告标王"的名气走红大江南北，获国家统计局颁发的"全国城市市场占有率第一"称号。

然而这种靠吸引眼球短期建立起来的品牌是不长久的，品牌速成，起来得快，倒下得也快。爱多的快速崛起是因为，当时中国生产 VCD 的厂家实在太少，爱多抢占了先机。但抢占先机之后，爱多并没有认真做好产品和提升服务，而是靠大肆烧钱，用钱砸广告累积知名度，凭借烧钱来获得较高的关注。爱多比拼的是烧钱的速度和烧钱的量级，而不是和用户建立持久的信任。只靠明星和广告的宣传是无法和用户真正建立关系的。因此，爱多公司仅仅"走红"了 4 年多的时间，便被迫宣布卖掉"爱多"商标，彻底失败。

苏泊尔曾在厨具和小家电行业一枝独秀，在广告营销方面做得也很不错。苏泊尔2011年的半年报显示，该公司的产品开发费用为1335万元，占营业收入的比率不到0.05%。与此同时，公司仅广告宣传费这一项就达到5219万元。投入如此多的广告费用，让苏泊尔品牌传播面很广，在电视媒体上广告不断。然而当苏泊尔陷入不锈钢锅具锰含量超标的危机时，却没有及时投入足够的资金和时间去澄清传闻。相比之下，苏泊尔的公关经验和营销实在是差得太远。面对不锈钢锅锰含量超标传闻，苏泊尔只是简单地在网站上进行了澄清。而苏泊尔厨电的消费者大都是家庭主妇，她们很少会花时间去网站浏览新闻。苏泊尔负责人之一苏显泽以"一口锅不影响国家安全"频频回击，把自己"套"了进去，令许多媒体产生了质疑："一口锅是不影响国家安全，但是影响百姓的个人安全就不值得重视了么？"这显然和苏显泽的本意相差甚远。苏泊尔的澄清传播范围很小，一些消费者根本不明真相，宁愿相信在街头巷尾八卦而来的"质量门"传言。苏泊尔面对危机做出的公关并没有收到理想的效果，直到今天网上还有许多文章质疑苏泊尔的质量。最终在"质量门"后，苏泊尔被法国的SEB公司并购。

爱多、苏泊尔式的家电企业在中国还有很多，它们对品牌的认知产生了误区，认为品牌就是名牌，快速出名就是营销的胜利。所以谈到做品牌，就简单理解为狂轰滥炸做广告，而不是把知名度和美誉度、忠诚度结合起来做口碑。知名度可以靠砸钱广告快速造出来，但是口碑是不可能很快做出来的。没有扎实的口碑，知名度就是泡沫，知名度越高泡沫越大，一旦泡沫被戳破，企业的损失也就越大。

在中国的市场环境下，一些品牌为了获得短期利益，急于求成，忽略了品牌生长的自然规律，这是造成品牌"软骨症"的主要原因。企业品牌建设应从踏踏实实地做产品开始，持续地为消费者提供高价值和服务，从而形成口碑效应，长远发展。

某些中国家电品牌的"英年早逝"，盛名之下的"猝死"，无不给人留下痛思。

品牌的创立、建设、维护、加固不是一朝一夕能够完成的，也不是靠砸钱争标王、搞创意、抓眼球抓出来的，企业一定要避免浮躁，避免急功近利。品牌的核心是具有让消费者满意的产品和服务。因此，建立品牌的首要任务应该是注重产品质量，生产用户满意并愿意口口相传的产品；其次是要注重企业的危机公关和市场应变能力，少说一些无用的官方措辞，多和消费者沟通交流。

互联网思维提倡消除信息不对称，使消费者掌握主动权的时代真正到来，消费者不愿意再接受强制推送的广告。在消费者主权时代，消费者最大的特点就是社交化、移动化、便捷化和个性化。这就意味着企业营销必须在更受信任的社交媒介、更多的销售渠道和全时段，以个性化的形式去迎合消费者的需求、获取消费者的信任。

在激烈的市场竞争压力和日益恶劣的生态环境中，家电企业应该谨防品牌"软骨症"，避免被以往品牌短暂的成功所迷惑，把以往砸钱做广告的思维变一下，运用互联网思维专心做口碑。毕竟，在互联网时代，口碑是一个企业品牌的长久生存之道。

赢而不盈：价格战不如价值战

2014 年岁末，格力电器 CEO 董明珠高呼"清场"，号称要通过低价把"烂品牌全部消灭掉"，家电价格战烽烟再起。

事实上，仅仅是 2014 年下半年，家电行业就已经开展了三次价格战：2014 年 9 月 26 日，号称坚持 20 年不打价格战的格力发布"敬告书"，表示"格力电器 20 年首次发动价格战"，多家家电企业应战，引发家电行业"史上最大规模"的价格战；"双 11"的到来又引发惯常的电商家电价格大战，京东、阿里、国美、苏宁纷纷下调家电价格；再到这一次的"清场行动"，家电行业半年来血雨腥风，征战不断。

追溯源头，我们会发现家电行业价格战"由来已久"，20 世纪 90 年代家电行业就已经开始以价格换销量了。拿起步较晚的空调来举例，价格战也已经打了十几年。空调从 20 世纪 90 年代进入中国市场，一直处于诸侯争霸、品牌乱战的局面。当时由于空调刚刚进入中国，国内市场需求较大，再加上空调作为"标准件"门槛不高，许多企业纷纷开始上线生产空调。有数据称，在 2000 年左右国内空调品牌达到了400 多家，大批量地生产空调导致产能过剩。2003 年巅峰时期，甚至达到了 3000 万台的天量库存。基于抢占市场和消化库存的考虑，空调企业从 2000 年开始就掀起了一波又一波的价格战，这一打就打了十几年。

家电专家表示，价格战连续不断地打了几十年，已经成为家电行业的常态，而且很可能还会持续很长一段时间。虽然多年来持续不断的价格战使中国家电企业获得了更多市场份额，把洋品牌逐渐赶出了主流市场，但是也对中国的家电企业造成了严重的冲击，令整个行业利润微薄。一方面，中小企业、新品牌家电越来越难生存；另一方面，一些主流厂商利润一降再降，已经薄如刀片，甚至许多耳熟能详的家电品牌因为接二连三的价格战失败，市场份额不断减少，逐渐退出了市场。

可见，价格战是家电企业的双刃剑，虽然用它可以抢占市场、打击竞争对手，但也会影响企业盈利。所以家电企业价格战往往是"赢而难盈""赢而不盈"。很多家电企业虽苦恼于价格战带来的危害，但在行业竞争常态面前，却也无可奈何。

面对价格战对企业自身的种种的伤害，在商界打拼了 30 多年的海尔集团 CEO 张瑞敏有独特的看法。他曾说过，"频繁展开价格战，从而颠倒了生产的目的"，他认为家电企业应该打一场"价值战"。

家电厂商长期发动价格战，滥用促销，"史无前例""二十年一遇""价格回到五年前"等促销手段使用得多了，反而很难再吸引消费者眼球，一些消费者甚至已经开始反感。越来越多的消费者开始注重产品的质量、附加值和服务。这时候，如果家电厂家抓住产品本身的质量设计，服务更加个性化和人性化，必将能够从价格之外吸引用户购买。

"价值战"可以从核心技术价值、品牌附加值等方面入手，用价值吸引客户，摆脱价格战泥潭。

核心技术价值是满足客户真实使用需求，带来独一无二的市场。科技不仅是生产力也是竞争力，掌握核心技术，产品比别人好，自然就能得到市场。做电动汽车的厂家很多，比亚迪、三菱、奇瑞等，但是特斯拉很快占领了电动汽车市场。特斯拉的价格比奇瑞、三菱的一些车型贵了5倍还要多，依然受到许多人的热捧，主要就是其掌握了核心技术——特斯拉充电20分钟能跑200千米，这是其他企业要追赶和学习的。

品牌附加值满足顾客情感层面的需求，引发顾客的购买欲望。品牌具有心理情感认知的特性，消费者愿意为一些品牌付出较高的价格。苹果手机不仅仅是一台手机，还代表了高贵、奢华、良好的体验等。所以，苹果占全球手机市场份额第二名，而且盈利第一。家电企业如果能生产出超越其他品牌的产品，让顾客感觉不仅仅是在买家电，还买到了许多附加值，自然可以摆脱价格战的桎梏。

企业永远不可能满足所有消费者的需求，总有一些需求和市场没有被发现。特别是家电企业，产品同质化严重，市场竞争激烈，企业如果能开发出没有竞争或竞争微弱的市场，必将获得大笔利润。比如小家电刚流行时，早进入的企业就赚了个盆满钵满。苹果的iPad刚推出来的时候竞争很少，一举占领了大片平板电脑市场。当然，随着家电产品品类越来越多，所谓的市场蓝海越来越少。这时企业应通过改革将一个类别的产品进行细分，甚至将某种产品分离出去，作为全新的品类去经营。比如近年很火的"褚橙"，就是把橙子从普通水果界分离了出去，变成了礼品甚至还出版了励志书籍，值得家电行业借鉴学习。

互联网企业也有"价格战"，阿里巴巴免费做平台、周鸿祎做免费杀毒软件，雷军的小米手机一直以高性价比为用户所称道。但是深究之后，这些"价格战"背后其实都是价值战。阿里巴巴首先定位和易趣不同，其次是本地化服务做得更好；周鸿祎的杀毒软件免费只是一个由头，杀毒软件告别了光盘，直接下载安装也确实简单方便；至于小米，靠的是粉丝经济和用户体验，归根结底是产品和服务做得好。所以，这些互联网企业所谓的"价格战"的背后，其实都是用户体验战，是价值战。

不只是竞争使企业变得更有价值，在互联网时代，共赢思想被越来越多地提出，"竞合"变得越来越重要。不同企业甚至是不同行业的竞合，对企业避免价格战有很大帮助。如果两个企业的产品既相关又没有直接竞争关系，是可以跨界合作的。竞合营销满足相关性的需求，为消费者提供方便。魔兽世界曾和可口可乐合作，获得了不错的效果，是异业合作的鲜活案例。家电企业甚至可以和地产商、室内装潢企业合作，推出适合房间格局和大小的产品，共同销售，避开铺天盖地的价格战。

拼血不如拼内功，拼价格不如拼价值。家电行业没有任何一个企业可以逃脱价格战，可能在特定时段它的确发挥了作用，但价格战只能作为一种战术，不能作为长期战略。家电企业应学习互联网思维，尽快摆脱有术无道、"赢而不盈"的价格战。从"价格战"到"价值战"是回归市场需求本质。

金字塔式组织死于僵化

管理大师德鲁克在《管理》一书中指出："信息革命改变着人类社会，同时也改变着企业的组织和机制。"

互联网正在颠覆整个商业世界，市场环境和经营环境已经发生很大变化。首先，互联网让个体的能力得到最大程度的体现。原来个体的发挥平台是十分有限的，如果不隶属于某些组织，很难产生力量。但是随着互联网的传播效应和科技的发展，个体具备了极强的主动权。以前的组织过于庞大，反而限制了个体的自由发挥。其次，互联网时代的到来，企业的中层显得不再那么必要，原来中层的作用是传播组织命令，监督执行。但是现在信息传达很快，只需一个微信群，什么消息都能快速传达。以前市场环境变换是缓慢的，在面对竞争时，企业讲究稳态。但是现在市场变化太快，稳态反而会导致企业难以转弯。企业起来得快，倒下得也快，发现问题后一层一层地往上反映显然是很危险的。最后，互联网企业踢门已成为常态，以往的家电企业竞争了几十年，始终僵持不下。但是现在互联网企业一进来，是带着颠覆性来的。互联网企业大都以变化快、规模轻为准则，传统企业一不小心就会出局，所以需要更快的反应能力。

互联网市场环境和经营环境的改变，倒逼着企业进行组织变革。互联网已经开始对人与人之间的分工和协调方式进行重构，传统制造企业必须适应互联网时代的特点，迅速完成组织的升级和再造。

当然，组织结构升级再造是很复杂的，它的变革必然会触动一些人的利益，也会为企业带来阵痛。这个时候，企业领导者就需要有眼光、有魄力，从上到下大胆改革，锁定互联网时代适合的策略。海尔集团就是个鲜活的例子。

1985 年，海尔 CEO 张瑞敏当着职工的面抡起大锤，砸坏了 76 台不合格的冰箱，也砸出了 3 年后中国冰箱行业第一块国家质量金奖。30 年后，张瑞敏再一次抡起了"大锤"，但是这一次他要砸的不是冰箱，而是僵化的组织管理模式。这一砸，砸出了业界赞叹的"自主经营体"管理模式。

20 世纪 80 年代，处于追赶阶段的中国家电行业，大都是模仿西方的金字塔式管理模式。这种金字塔式的管理模式是立体的三角锥体，等级森严，高层、中层、低层逐层分级管理。海尔同其他企业一样，也在模仿西方的金字塔式管理制度。组织结构由总部、事业本部、事业部、分厂四个层次组成，各层次分别承担专属职能。

这种组织的优点是集中决策、权责分明、结构稳定；缺点是随着部门越来越多，分工越来越细化，企业高层面对的决策和协调事项越来越多，决策效率低下。

早在 1998 年，张瑞敏就看出了金字塔模式的不足，下定决心进行企业改造，只是让人们没有想到的是，张瑞敏的改造方式不是小修小补，而是抡起大锤，进行颠覆式改革。张瑞敏的改革过程中充满了阻挠，改革一直在反反复复中进行。1998—2003 年，海尔仅企业的内部机构调整就多达 42 次。每一次的调整都有人抱怨，有人反对。面对内部的组织反弹，张瑞敏没有心慈手软。仅 2001 年，中高层就免职 3 人，降职 6 人，岗位整改 4 人，大约占中高层管理者的 20%。[①] 从火车头式管理到超级战舰式管理，再到自主经营体，海尔每次改革都经历了阵痛。或许现在效果还没有显现出来，但是张瑞敏的改革精神值得学习。

企业的组织改造就是要大胆、要反应迅速、要有铁腕。正如张瑞敏所说："要把企业比作一艘航船，那么战略便有如船上的罗盘。它只负责船只可以到达终点，但不能保证船上的每一个人不晕船。"企业组织再造要向远处看、向大处看，企业领导人不能心慈手软、优柔寡断。

要想完成组织的升级改造，还必须了解互联网时代的特点。这个时代，信息高度发达，企业需要做的工作越来越多，大大增加了管理的复杂度。环境变化带来很多风险，也给企业管理带来了很大的挑战。一方面现场管理和临机决断的事宜越来越多，企业管理者要指挥协调的东西也越来越多，这时候如果决策点过少，层级太多，就会延误战机；另一方面，底层员工即便知道更好的工作方法，但在固定的层级和流程之下也很难发挥出来。

互联网时代组织改革应该沿着何种方向进行，"罗辑思维"创始人罗振宇说过这样一段话，值得我们深思：

---

① 王瑜现：《凭什么要学张瑞敏》，浙江大学出版社 2014 年版。

互联网恰恰是一种无中心化组织，一种网状的模型，没有决策中心，而是顺着态势发展而顺应做出决定。这样的反应速度无疑大大加快，当然，这对组织内部的人员要求也高很多，以至于可以出现分工的模糊化，每个人的多角色协作化。所以我心中真正的互联网公司，往往人数不是太多，并且分散成各个小团队，单点负责，迅速决策，需要组合时，立即自由联合，任务完成后，自动解散。他们并不依靠什么层级管理，更没有什么 ERP（企业资源计划）或者什么 KPI（关键绩效指标），完全是一种任务驱动式的协作方式。

顺着这样的逻辑推理下去，未来的互联网社会，应该是一种以人为网络节点，各个小社群相互链接的拓扑组织结构。从全局上来看，自然就是无中心化，无权威化，无固定组织形态的结构。

如果说张瑞敏抡起锤子的组织再造带给了我们对改革方式的思考，那么罗振宇的这番话则指明了改革的方向。互联网时代，金字塔形的组织结构缺乏弹性，缺乏自由发挥，过于依赖高层决策，高层对外部环境变化难以及时了解和判断，枯燥生硬、不懂得应变的弊端凸显了出来。互联网时代的组织架构应当更加灵活；互联网时代的领导者需要和市场有更多接触，所以必须减少层级；互联网时代的员工更加注重自我，寻求参与感和存在感，所以必须给员工足够的舞台。互联网思维强调开放、合作、分享，组织内部也应当如此。

当我们的企业逐渐互联网化，当我们的员工逐渐互联网化的时候，如果我们的组织还停留在 20 世纪的管理方式，显然是不符合时代发展的。

金字塔式的组织管理模式在互联网时代会勒紧企业的脖子，让企业行动迟缓，身躯僵硬。家电企业规模大、员工多、层级制明显，更应看清方向，抓住机遇，扯掉勒在脖子上的"绳子"，以更灵活的管理模式适应互联网时代。

第三章

互联网思维的本质：尊重市场，回归人性

互联网思维的本质

　　"制定'互联网+'行动计划，推动移动互联网、云计算、大数据、物联网等与现代制造业结合，促进电子商务、工业互联网和互联网金融健康发展，引导互联网企业拓展国际市场。国家已设立400亿元新兴产业创业投资引导基金，要整合筹措更多资金，为产业创新加油助力。"李总理在2015年的政府工作报告中首次写入了"制定'互联网+'行动计划"。互联网+已上升为国家战略。

　　狭义的"互联网+"指的是互联网企业+传统企业。"互联网+"理念最早于2013年由马化腾提出，"互联网加一个传统行业，意味着什么呢？其实是代表了一种能力，或者是一种外在资源和环境，对这个行业的一种提升。"最初更多地是指传统企业利用互联网思维，进行产业的管理改革，改进商业模式、产品、营销等企业经营的各个方面，见下页图。

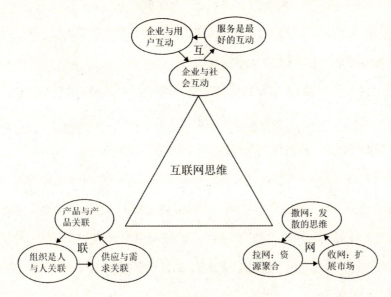

互联网思维

但是目前提到的互联网＋已经不是狭义上的互联网＋了，不仅是要改造传统行业，还要"把一批新兴产业培育成主导产业"，而互联网思维是这轮创新的引擎。

每一个时代都有时代的话题，互联网时代，关于互联网思维的话题很快热到了蛙声一片的程度。所有企业家、消费者，懂互联网的、不懂互联网的，同时亮开了嗓门，一起唱了起来。互联网思维已经成了新时代的口头禅。那么，什么是互联网思维？

雷军说："专注、极致、口碑、快。"

周鸿祎说："用户至上、体验为王、免费的商业模式、颠覆式创新。"

马云说："跨界、大数据、整合、简捷。"

各位大佬把互联网思维嚼出了不同味道，各有各的道理，但都是根据自身企业的情况，站在"术"的层面，去对自己所擅长的那部分互联网思维的特点做了一个描摹。

但是，什么是互联网思维的本质呢？答案只有八个字：尊重市场，回归人性。

企业生存或者灭亡，发展或是衰退，本质上都是由市场决定的。尊重市场规律、紧跟市场方向的企业会向前发展，反之就会被淘汰。未来所有的商业运作都将围绕人来进行，以人为本，返璞归真，肯定人在价值链体系起到的根本性、决定性作用，针对人性做出改变，企业才会更长久。

弱肉强食、适者生存是市场的基本规律。互联网时代，一切事物更新迭代加快，唯有不断变化才能生存。信息传递方式在变化，消费者的价值观和消费观念在变化，企业不能拥抱变化、适应时代，就违背了市场适者生存的规律。

企业适应市场规律有三种境界：第一种是具有预见性和快速变化的能力，反应敏捷、行动迅速，抢在变化之前变化，这种境界的公司站在风口上，能快速发展成为巨头公司，比如互联网时代初期的微软、移动互联时代的苹果；第二种是以积极心态去改变自己，适应变化，它们是跟随者，通过积极改变，会占有一定的市场份额，比如移动互联网时代的三星和小米；第三种是害怕、否认、拒绝改变和适应。这类企业会在市场规律的作用下逐渐被淘汰，比如诺基亚和摩托罗拉。当然并不是说一个企业会固定在某一种境界，有的企业可能在某个时期是第一种，然后变为第二种，甚至变为第三种。

什么样的企业在互联网时代能赢？

马云这样说："为什么互联网发展那么快？我们从互联网的精神中看到，我们说互联网是一种价值观，是一种文化，是一种潮流，是一种趋势，是一种未来。而互联网因为拥有这四大主要因素，第一它开放，第二透明，第三分享，第四承担责任。所以互联网这四个要素，基本告诉我们，21世纪的企业，必须贯彻'开放、分享、透明、责任'。"

开放是互联网时期创新的灵魂，开放产权结构和生产过程，让消费者更多地参与到企业建设中来，人人参与可以提升企业的创新能力。互联网时代追求信息的透明，一切基于信息不对称的盈利模式都将受到挑战。接受社会的监督，是企业少犯错误的法宝；消灭信息不对称，企业才能找到更绿色的盈利方式。分享是资源的共享，单打独斗型企业在未来很难发展，企业之间竞合才能共赢。一个企业必须承担相应的社会责任，责任既是企业对社会的一种报答，也是企业发展成长中必不可少的一部分。

回归人性是对消费者需求的把握。在计划经济时代，生产产品的主动权掌握在商家手里，商家生产什么，消费者就只能买什么。然而在互联网时代，消费者主权时代到来了。消费者发声的平台越来越多，声音正逐渐放大。以前，用户如果对商品不满意，很难通过传播平台发表出来，顶多是向自己的邻居和周围的朋友抱怨一下，以后再也不买这一品牌的产品。这种情况下，用户的影响范围很小，一些商家可能不会将用户的满意度作为头等大事，出现了用户投诉也是敷衍多于实际解决。

然而，在互联网时代，这种情况发生了变化。如今信息更加透明，已经是"一切皆媒体""人人都是自媒体"的时代。社交媒体发生了很大变化，每个人都有自己的发声平台。消费者在购买商品时，往往会查看其他消费者的评价，来帮助自己做决定。消费者主权依靠互联网对于人际关系的重新定义，将有共同需求的人群聚集成一个个圈子，这些圈子又彼此相连。传播效应的提升，使消费者发声更能引起重视。消费者信息的透明加上市场竞争的加剧，许多行业产品过剩，面对产品消费者有很多选择。正如哈佛商学院教授罗萨贝恩·坎特所说："经济生活的主导大权已经从生产者手中转移到消费者手中。"

在消费者主权时代，一切必须以消费者的需求为先。消费者需要什么你就给他什么，消费者什么时候需要你就什么时候给。你能满足消费者的需要，消费者自然就会"买你的账"。消费者在市场上买一件产品就相当于投出了一张选票，企业得到的选票越多，品牌就越有价值。

回归人性的另一个方面是组织管理，互联网时代的管理讲究以人为本。企业在管理过程中要对员工有感情，提升同员工的主人翁精神，而不是把剥削员工作为企业的管理理念。除此之外，建立良好的企业文化，用企业文化来管理团队也是人性化的体现。

互联网思维的本质是尊重市场，回归人性。所以，互联网思维阐发开来，就是人与人、人与信息、人与物、物与物之间关系的改善方式。

作为传统制造业的家电企业，不要觉得自己没有互联网基因，互联网基因和互联网思维并不是一回事。互联网思维的本质和家电企业以前要做到的事情其实是一致的，只是在互联网时代，家电企业以前的经验和思维方式不再适合当今时代。

互联网思维不是固有基因，而是任何企业通过学习都可以掌握的思维方式。家电企业应深入学习和应用互联网思维，把互联网思维从云端落地，结合已有优势，大步迈向未来。

互：用户、企业、社会的充分互动

互动、联结、网络是互联网思维的三大特征。互联网思维是改善人与人、人与信息、人与物、物与物之间关系的规律和方式。其中，互动是互联网时代企业和用户之间关系改善的关键。

过去判断一个产品是好是坏，依靠的是产品经理对产品的要求。每个产品经理对产品都有不同的见解，每个人都有自己的判断。因此，如果产品经理的把握能力不强，或者是对产品的理解与大众有偏差，那么产品的销量就会有问题。对于以前的消费者而言，他们都是被动地接受产品，所以产品经理设计产品时可能很少考虑用户的感受。

比如福特公司，福特是最早生产 T 型车的公司，T 型车一经推出就受到了许多美国人的欢迎。T 型车不仅为人们提供了独立的可能和更多的机遇，而且价格也很合理，一度成了便宜和可靠交通工具的象征。福特公司创造并占领了一个巨大的市场，甚至在19世纪20年代，全世界一半以上的注册汽车都是福特生产的。然而这样的一个公司，最后却因为忽视与消费者的互动逐渐落伍了。福特的负责人亨利曾不可一世地宣称："不管你要什么颜色的车，福特只生产黑色的汽车。"

福特忽视了和用户互动，无视用户的反馈。当那些按照美国用户要求设计的白色、蓝色、黄色、米色、橙色的日本汽车像潮水一样涌进美国市场的时候，天性活泼的美国人很快忘记了黑色的福特。日系汽车占据了大部分美国市场的时候，福特终于如梦初醒，开始频繁和用户沟通，讨好似地对消费者说：您需要什么颜色的车，我们就生产什么颜色的车。但是这为时已晚，消费者已经对日系汽车有了一定的情感，福特再也没能回到巅峰。

在互联网时代，用户更注重情感需求，买东西时买的不仅仅是功能，还有故事、情感、特点。而要想从消费者口中了解到他们的喜好，企业就必须和用户互动，建立情感，并根据用户的意见进行生产。

除了和用户做好互动，企业还要善于利用用户和用户之间的互动，积累口碑，打造品牌影响力。用户掌握发言权已经不是新鲜事了，但是，并不是人人都是自媒体，人人都肯帮助企业做宣传。想一想现在一个人要买东西，他会怎么做？一般来说他会先征询周围人的意见，然后再和卖家交流；如果要在网上买一件东西，他就会去看其他买家的评价，然后决定是否买下它。但是假如买下产品之后质量或者体验不如预期，他根本不会再买第二次，更别说替产品做宣传了。这就提醒一些企业，不要雇用"水军"或者"假粉"来制造所谓的口碑，让顾客产生被欺骗感是很危险的。

任何产品都有其独特的特点，做口碑首先是做产品。产品要保证让用户获得价值，用户感觉到有价值才会自发地口口相传。其次是要保证用户的口口相传能引起他们的兴趣，激发他们的购买欲望，如何建立更好的平台，给消费者一台扩音器，是企业必须考虑的。有了以上两点，才算是有了口碑传播的基础，用户与用户的沟通才能作为传播和营销的方式。

在日常生活中，人们谈论最多的是与自己利益相关的各种话题。因此，在人人都是自媒体的互联网时代，企业必须将自己和用户联系起来，通过直接联系用户，或者用户联系用户触发分享，才能建立和维持品牌的美誉度，获得持久的利润。互联网时代"人"与"人"之间的沟通是企业营销重要的一环。

做好和用户的互动，抓住用户和用户的互动，企业就已经做到了80分。但是要获得更高的分数，企业还要和社会做好互动。

有些企业可能会认为，我是一个小企业，不用管什么社会责任，因为我没有能力。甚至有些企业很反感有人站在道德制高点上去指责它们，并且觉得和社会互动只是一句空话、假话。

社会互动会花费巨额资金，而回报却很有限，这是许多企业的一个误区。随着环境的变化，一些地区污染严重。人们越来越关注环境，越来越注重节能环保，特别是家电行业，节能环保产品市场巨大。许多消费者经常挂在嘴边的一句话是："我们购买的产品必须既不损害地球，也不产自血汗工厂。"

联合利华（Unilever）首席执行官保罗·波尔曼（Paul Polman）曾在接受英国《金融时报》采访时表示："今天的消费者愿意花钱购买有社会责任感的企业生产的产品。他们现在越来越愿意用钱包来投票。"在欧美国家，消费者越来越钟情于那些可实现积极社会文化影响的企业。对于这些变化，有远见的企业通常会主动应对社会挑战并积极寻找解决方案。美国的一些企业通过联合来缓解或解决健康医保、个人隐私和海外生产导致的失业率上升等社会问题，中国的阿里巴巴开始关注就业，美的和格力开始注重环保。企业和社会充分友好互动，既有利于品牌建设，又能获得利润。

　　用户、企业、社会充分互动的本质是人与人的充分互动，进而产生信任、产生情感倾向、产生熟人思维、产生感性价值。中国历来是一个讲究人情的国家，人情是中国人普遍具有的价值观念，熟人思维的历史积淀很厚重。在正确的方向上和用户成为"熟人"，和社会互利互赢，对于企业的长远发展十分重要。可见，做好人与人的互动，对企业的市场营销、产品升级、品牌建设有着极其重要的意义。

联：人、产品、事物的有机联结

　　在 2014 年，家电行业有三大事件吸引了所有人的关注：一是小米入股美的；二是格力重开价格战；三是海尔拿起裁员刀砍掉 1 万名中层。

　　这三件事看似毫无联系，实际上都遵从着同一个理念：有机联结。所谓有机联结，就是将人、产品、事物有机地结合在一起。

　　首先分析小米联合美的。小米入股美的剑指何方？小米花 12 亿元真的仅仅是为了美的的制造能力么？

　　雷军的目的或许是，将美的产品和小米产品有机地联结起来，组成初步的物联网家电。让美的成为成功的范例，从而撬动更多的家电企业，加入到以小米为行业标准的物联网中。这个标准可能不是简单地用小米手机或者路由器联结各种家电产品，而是一个和 MIUI 或者米聊有关，但更加适配的系统。

　　雷军为什么要这样做呢？一是因为雷军向来的布局都是考虑长远，这很可能是雷军一个预见性的布局；二是小米空气净化器、小米电视并没有像小米手机那样"火爆"。小米进入家电行业相对来说并不十分顺利，但是小米进军智能家居行业此心不死，必须找寻新的入口；三是 2014 年小米手机的销量超 6000 万台，并且从第三季度已经开始超越三星、苹果，成为单季中国市场出货量第一的手机。小米 2015 年的销量目标是 1 个亿，用户群体如此庞大，小米有足够的实力去建立标准。

当然，小米能不能成功还有待时间验证，毕竟把产品和产品深度组合建立标准的事，早有人开始做了。京东就曾做过一套开放式的物联网协议，并给合作伙伴提供京东通信的芯片技术和智能 Wi-Fi 芯片技术支持，试图帮助厂商快速地实现硬件联网，使各种产品成为一个体系。可惜的是，京东在家电行业的影响没那么大，最终产品没有推广开来。

所以雷军花 12 亿元巨资入股美的，实际上需要的是美的冰箱、洗衣机、空调三种白色家电的支持，只有白电也加入这个标准并取得成功，小米才能够将家电产品连成体系。而当小米能够和一切相连的时候，它就成了一个事实标准。当小米让家电产品成为体系，建立了标准之后，利润是相当巨大的。

小米入股美的是使产品和产品联结组合，通过有机联结，一方面提升产品竞争力，一方面打造雷军所有家电产品大联结的梦。

再回过头来说格力，为什么要发动价格战？真的像格力 CEO 董明珠说的那样，是为了"将所有烂品牌清除出场"么？

格力的真实目的或许是以价格创造需求，消化高库存。当需求透支遇上需求低迷，高库存成为近几年家电行业悬在心头上的一块大石。

前几年的"家电下乡"和近年的"以旧换新"刺激了家电市场的需求，这种刺激短期来看提升了家电制造企业的销售业绩和增长幅度，长期来看是对市场的一种提前透支，它透支了三四线城市和农村市场。另外，对于家电产品，特别是大家电，使用年限一般较长，市场逐渐饱和，需求疲软。业内人士表示：一方面，大量存货使资金链绷紧，企业要为此支付高额的仓储费用；另一方面，家电产品存放越久，贬值越厉害。此外，高存货还会影响其他家电产品的战略部署。如果家电企业不能解决高库存问题，对企业的战略升级有很大影响。

高库存是家电企业亟待解决的问题，只是格力这种解决办法有待商榷。打价格战清仓处理，抢占三四线市场，并不能真正地解决高库存。因为今天靠价格打垮了一批企业，明天价格一上调，又会有一波企业再起来，再大的企业也不能一直打价格战。格力靠价格创造需求，无疑是饮鸩止渴。

解决家电企业的高库存，预防大于治疗，关键是按需生产并创造需求，即将产品和需求有机联结起来。一方面需要多少生产多少，减少库存；另一方面挖掘用户潜在需求，保证出货量。这是企业解决高库存及背后市场疲软的两大法宝。

再说说海尔。2014年张瑞敏再度语出惊人："去年裁掉1.6万名员工，海尔今年还要大刀阔斧，裁掉1万名以中层管理者为主的员工。"海尔裁掉1万名中层，目的是什么？为了节省劳动力成本？为了扁平化？

这些都是目的，但都不是最终目的。海尔裁掉1万人的影响非常大，稍有不慎很可能触及企业根基。"外面很多人议论，太不可思议了，太危险。但是解析来看，这件事必须做，而且这个裁员数一点不算多。"张瑞敏谈起这场"断腕式"的组织再造时，表情十分凝重。若仅仅是为了节省劳动力成本，海尔断然不会冒这么大风险，组织扁平化也不至于如此伤筋动骨。

张瑞敏的最终目的是颠覆员工观念，以前是简单的企业领导管控组织，现在是人和人智能有机组合，人和组织有机联结。一方面每个人都受组织管理调配，另一方面每个人都可以是CEO，甚至可以是一个微团队。过去把企业当成一个发动机，带着许多节车厢在跑的方式已经跟不上这个时代，所有的车厢都要自带发动机。

海尔的改革理念没有问题，但是改革过程中肯定会遇到很多困难，挺过去了，海尔就会变成一个人与人、人与组织有机联结的互联式企业。互联式企业能比对手更快地学习和自适应。海尔裁员是为了让人与组织的联结变得更加有机，更有价值。

有机联结旨在从本质上解决互联网时代企业产品发展方向、市场饱和及组织管理问题，把企业打造成一个有机体，使企业不再像一个机器一样，而是成为一个可以适应和改变环境，不断完善自己的智慧型生物。

网：市场、科技、平台组成网络体

所谓网络体，就是没有局限性和界域性，多方向、多维度延伸的立体式生物体。企业在发展过程中要充满想象力，突破原有的市场界限、科技局限和平台边界，抓住现在的同时也抓住未来。

网络体的本质是突破和扩展，突破原有的格局或局限，扩展新的领域。

先来看看下面的一段话。2014 年 12 月 30 日，"博客之父"方兴东曾与马云有过这样的对话：

方兴东："到 2020 年，阿里能否超越谷歌？"

马云说："离 2020 年还有六年时间。时间应该还是有一些的。我们跟谷歌的差异是什么？只有你的理念和思想全超过了，你才能超越谷歌。我提出超越沃尔玛，那是五年前，我在江南会跟他们副董事长讲的，我赌十年，如果我超越不了你，算我输。我说你必须努力干，而他根本没当回事。思想、架构体系，他肯定够，跟谷歌似的，谷歌的商业思想也一样。谷歌在不断拓展技术的边界，我在不断拓展商业的边界，而技术的变革到一定程度会遇到阻碍。我今天走过的地方，从杭州走到富阳，深度、宽度都有，我拓到非洲，拓到南美，相对于技术边界的拓展，市场的前景更大。所以我们和谷歌的思想不一样，谷歌今天折腾完手机，明天要折腾一个新的眼镜、新的手表。而我是商人，我的目标就是怎么拓展商业边界，用技术来拓展，这与谷歌是完全不同的。"

总结马云的话，技术也好，市场也好，平台架构也好，重点都在四个字：拓展边界。站在更高的境界看市场、看技术、看平台，会有不同的认识。具体来说，在市场上，阿里巴巴要把市场拓展到南美、非洲，拓展到全世界；技术上，要突破技术阻碍，打破技术边界，甚至还要突破商业边界。

马云要超越谷歌，要做超过 1 万亿美元市值的公司，许多人说中国不可能出现这样的企业，但是马云认为这是必然的。不断拓展，重新想象，一切皆有可能，就像谁能想到当初只有十几个人，在马云家里办公的阿里巴巴，能有今天超过 2000 亿美元的估值呢？

阿里巴巴集团从当初只有一个 B2C 公司，到现在涉及金融、医疗、影视、体育、家电、云计算等众多领域，这都是不断突破原有认知，不断拓展的结果。方兴东认为，"作为一个不断拓展各种可能性的先行者，在中国这个社会里，马云需要承受的远远超乎我们的想象，好在他从来没有妥协和泄气。"相比马云，腾讯总裁马化腾比较低调。但是这个稳健的"技术男"，在不断突破拓展上步伐很快。腾讯从一款单一的即时通信软件企业，到今天几乎是布局最全的中国互联网公司，马化腾不过用了 15 年。敢于想象，不断突破、拓展，才能发现新大陆。

要想有所突破，必须打破认知壁障，拓宽视野，不要画地为牢。走在前端的互联网公司已经做出了榜样，家电企业要从中汲取营养。中国家电企业一路走来，由小到大，由弱到强，由本土品牌到走出国门，也是不断拓展的结果。但是小企业变成了大企业后，以往的胜利经验往往会影响判断。家电企业的一些认知，比如家电非黑即白，用低价和本土经验实现全球化等已经落伍。"熟知并非真知。熟知是过去成功的东西，可能会束缚你，真知是真理，需要你去探索。"这是海尔集团张瑞敏经常引用的一句话。

突破和拓展需要有魄力，敢于放弃既得利益，敢于挑战未知领域。家电企业从家电下乡政策中获得了不少支持，让家电企业迅速进入了农村家电市场。但是长期来看，这对市场是一种透支。家电企业不能一直靠政策扶持，必须学会自己走路，依靠产品和服务而不是补贴带来的价格优势去占领市场，才能长远发展。家电企业在生产制造上，有成熟的生产线和管理团队，在硬件上有电视、空调、冰箱、洗衣机、厨电等许许多多的终端，可以进一步开发为入口。在面对未来的物联网、3D 打印、可穿戴设备等新趋势领域时，应放下顾虑，在窗口期迅速进入。

竞合其实也是一种拓展，陌生人可以变成朋友，甚至敌人也能变为朋友。突破和拓展是个不断探索、不断优化的过程，一家企业的资源是有限的，精力和时间也是有限的，因此竞合就显得特别重要。"竞合"对于战略思维和平台搭建的影响是革命性的。

提到竞合，就要说到家电企业的"触网"问题。家电企业要做产品，不要做电商平台。所有家电企业都在喊着要"触网"，大家一拥而上，成功的例子却很少。为什么？因为做产品和做电商平台是不一样的，需要的能力不一样。做电商的能力是把用户数量迅速提升达到引爆点。从开始做到达到引爆点，是一个缓慢的过程，要想使这个过程加速，就必须有非常规的手段，比如淘宝和 360 的免费策略。但是家电行业没有这个思维。家电企业在生产制造沉浸的时间太久了，思维转变很难。家电企业应该走另外一条路，专心生产高附加值的产品，然后和电商平台合作。如果到了非做电商不可时，或者非要做某个在线平台不可的时候，家电企业可以通过并购或合作来做。千万不要自己做，因为思维转变是很难的。和电商竞合显然比自己做平台更靠谱。

企业要懂得竞合，竞合是一种突破拓展。这是一个共赢的时代，环境变化迅速，企业要适应环境并快速发展，就必须有许多的支撑点，资源必须达到一定的规模。而要达到一定的规模，就必须吸引更多的主体参与者，这些参与者之间就必须是共赢的关系。

家电企业应该把开拓边界当成自己的战略思想，打破市场藩篱，冲破科技阻碍，扩展平台架构，这个战略思想可能会决定后面五年、八年的格局。

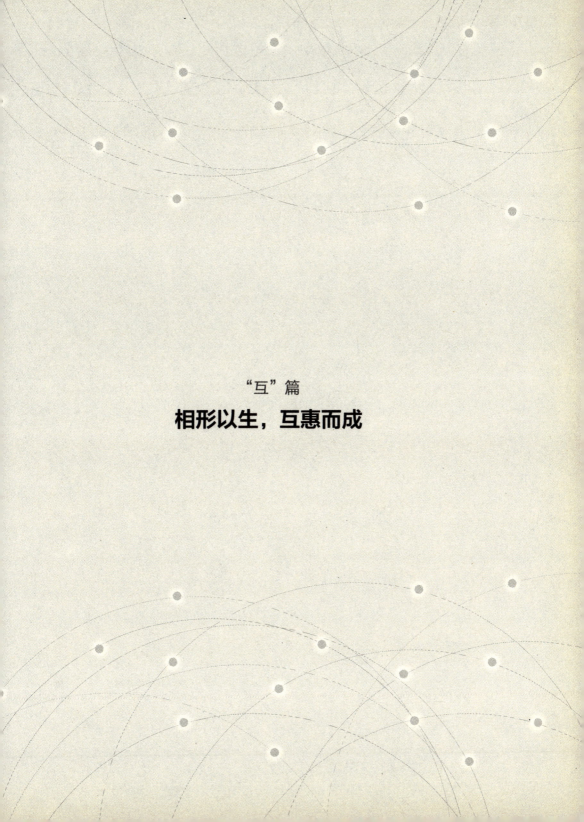

"互"篇

相形以生，互惠而成

第四章

和用户做朋友

参与法则——塑造友爱的互动

谁是 BAT（百度、阿里巴巴、腾讯）之后最牛的互联网公司？

答案是小米。450 亿美元，这是小米公司 CEO 雷军 2014 年年末在微博中透露的小米估值。如此算来，小米已经超越京东和奇虎 360 等互联网企业，成为紧随 BAT 之后中国互联网业估值最高的公司，而小米成立至今仅仅 5 年时间。

如果说小米是成功的，那么它最成功的一点便是提升了用户的参与感。小米公司联合创始人黎万强曾说，小米的秘诀，第一是参与感，第二是参与感，第三还是参与感。雷军说小米就是在售卖参与感，这实际上就是小米和客户进行了友爱的互动，获得了用户认可甚至追随。

网络上每天都有很多活动，比如抽奖、有奖问答、转发有奖、活动拍卖、电影评分、文档归类、心理测试等等，都旨在提升用户参与感。参与感是新营销的灵魂，是和用户建立关系的便捷途径。

自从进入移动互联网时代，受技术发展、媒介延伸的影响，人们变得越来越感性了。尽管左脑时刻提醒我们不要做出草率的行动和决定，要保持理性，但是，右脑中的"感性细胞"却会冲动地做出直觉性决定。人们变得越来越感性，产品基本的功能已经难以满足人们，人们买单的往往是产品之外的感性因素。参与感就是提升这些感性因素，从而赢得市场。

不喜欢被判定为从众或看客，这是用户的普遍心理。用户希望能够影响产品的设计，常常有用户说"如果是我就这么设计""为什么这样做"，这其实就是用户希望参与的心理。让用户参与到企业的产品设计、营销和服务中，他们会收获许多难以物化的东西。用户不仅会把参与当成一种交流，还会当成一种合作，他们会觉得他在和品牌共同做着某些事情，在情感上得到了满足。参与感帮助企业和用户建立深层次的情感联系，让企业品牌更容易被认可，提升用户忠诚度。

那么如何提升参与感呢？主要是要塑造友爱的互动。

现在家电企业也开展了许多互动活动，但是这些互动都是初级的、不成体系的，没有体现出友爱和尊重，所以也就不能和用户真正建立感情。比如一些家电企业大玩微博微信抽奖，一时间也吸引了许多用户关注，但是多数用户在抽奖活动结束后不会再关注企业。再比如一些家电企业简单地利用明星和草根大 V 转发微博来开展活动，多数情况是用户只关注了明星和草根大 V，根本没有真正参与企业活动。

做好友爱的互动，要在做好产品的基础上，从以下三个方面开始。

第一，对待用户要尊重和真诚。

当用户感到被戏要和欺骗的时候，他们甚至会给企业带来危机。牛博网创始人罗永浩，2011 年在西门子大厦前当众砸毁了三台西门子冰箱，曾引起了不小的震动，给西门子带来了很大的损失。西门子冰箱是不是有质量问题我们很难下结论，但可以肯定的是，西门子处理问题的能力有待商榷。罗永浩砸西门子冰箱事件中，西门子本可以由高管出面和罗永浩做深层次的交流，但它只是简单地发布了官方声明，和罗永浩没有进行有效的沟通互动，甚至罗永浩在砸冰箱时西门子大厦内并没有人关注，罗永浩只能把投诉书交给了一名保安。从这件事可以看出，尊重和真诚是和用户互动的基础，让用户感到你的尊重和真诚，他们才会愿意和企业互动。

家电企业和用户交流碎片化严重，所以更要把握每一次机会，真诚对待用户。

第二，要积极回复用户。

用户都有惰性，如果觉得产品不好，很多用户就不会再买，能够提出问题或者意见的用户其实很少。用户在发言之后，时常期望得到回答，企业的积极回应会让用户感受到企业对待产品和用户的责任心。具体来说家电企业要遵守"理亏勿战，迅速道歉，如有漏洞，快速改进"的方针，积极回复客户提出的问题。

在任何平台上，只要有参与就要积极回复，这样的互动会让用户感觉到友爱。

第三，要让用户讲自己的故事。

小米曾经在微博上做过一个"我是手机控"的活动，主题是让大家讲述自己与手机的故事。雷军在微博里率先炫耀自己的"藏品"，一些用户的怀旧情绪被激发，晒出了自己的许多老手机，还有一些用户因炫耀心理也积极参与。在很短的时间内，就有 100 万个用户参与了这次活动。在整个活动中，除了雷军晒过手机之外，小米的人再无过多参与，但是用户的热情却持续了很长时间。活动结束后，小米的粉丝又增加了许多。

如今，人与人之间的沟通方式发生了翻天覆地的变化，人们更倾向于"以自我为中心"的表达方式。让用户讲故事，是一种倾听，倾听是友爱的、打动人心的一种互动。家电企业也应该倾听用户的故事，听听用户讲述自己和第一台电视机的故事，和第一台空调的故事，和现在正在使用的家用电器的故事，等等。

小米总裁黎万强曾说：真正地参与感绝不是简单的互动，而是塑造一种友爱的互动，让员工、用户发自内心地热爱你的产品，主动地推荐你的产品。

通过塑造友爱的互动，得到用户的信任和认可。让用户感到自己属于某个群体，内心的受尊重感和成就感得到了满足，用户才会把企业当成自己的企业，积极参与企业的活动，向企业提出建议，宣传企业品牌。

体验法则——一切为了打造用户体验

平时我们在浏览网页的时候，因为要看下一页的内容，总避免不了来回地点击下一页。于是，有些网站就设计了一种下拉就能翻页的浏览方式，这样我们就无须频繁翻页，只需慢慢转动鼠标滚轮，就可以不断刷新出新内容。这就是对用户体验的一种改进，使我们浏览网页更方便、更舒服。

由此我们可以看出：用户体验是一种纯主观的感受，是产品和服务的指向。用户就是上帝，一款好的产品除了能够满足用户需求外，还必须注重用户体验。海尔CEO张瑞敏曾在2014年年初的内部讲话中说："企业必须以创造用户全流程最佳体验为宗旨。"中国家电研究院院长助理、研发设计中心主任兰翠芹说："我国家电行业虽然日臻成熟，但是与用户的需求还有不小的差距。尤其是随着社会发展越来越快，用户的需求也呈现出多样化的趋势，而且需求的改变也越来越快，这就要求家电企业要对目标消费者有十分准确的把握，才能让产品开发跟上市场的变化甚至于引领市场。"家电产品大多属于"大件"，一件家电产品用户可能要使用好几年，所以用户选择家电产品比较谨慎，用户体验的差距，就是企业利润的差距。

做好用户体验要注重以下三点。

第一，产品经理要把自己当成"傻瓜"。

在家电行业中，经验有时是最不可靠的东西，因为我们对用户的认知永远停留在过去，而用户的观念却在不断地发生变化。"我以为"是产品经理最可怕的想法，"知识越多越反动"。无论多有经验，产品经理一定要把自己变成傻瓜，抛掉自以为是的想法，认真去观察用户，看看用户是不是按照你的想法在使用产品，用户对产品是不是和你有一样的感受。事实上用户往往有自己的逻辑和判断。

360Wi-Fi 本身不是什么技术创新，只是简单利用内置无线网卡创建无线 Wi-Fi，行内人士对此甚至不屑一顾。但是用户对这些技术并不了解，只知道传统的路由器太大，太丑，不够"高大上"。而 360Wi-Fi 使用起来很方便，不用路由器就可以创建出无线 Wi-Fi，让 360Wi-Fi 获得了不少用户。360Wi-Fi 设计者把自己当成了不懂技术的"傻瓜"，因为一些技术专家是不屑于做这些事情的，这反而成了它的成功之道。

360 老总周鸿祎说："很多产品经理因为不是"小白"，就会出问题，比如你现在是一个企业管理人员，或一位计算机软件专家，因为有经验，就往往体验不到普通人的想法。"产品经理要把自己当成"傻瓜"，像用户一样去思考问题，才能了解用户的需求和体验。

第二，要把用户体验变成企业 KPI。

在有些互联网企业已经把用户体验作为重要的 KPI 之一。KPI 就是我们常说的绩效考核中的关键指标。在电商上卖坚果的"三只松鼠"，刚刚成立一年销售额就迈过了亿元大关。该公司对于客服考核进行了改进，不再用常规的交易量作为考核目标，而是把"好评率"和"沟通字数"作为考核标准。"三只松鼠"这种做法使客服更注重用户感受和用户体验，也让三只松鼠获得了不少回头客。1 号店聘请第三方专业公司做体验调查，把每一个员工的奖金都和用户体验指标联系起来，用户体验上升，员工就有奖金；反之就要扣钱。这提升了员工对用户体验重要性的认识，变得更加注重用户体验。1 号店之所以能够杀出电商重围，与把用户体验作为企业考核指标是分不开的。

家电企业以前往往把产品生产量和更新快慢作为 KPI 来考核员工业绩，产品生产效率越高，产品更新得越快，员工的业绩就越好。其实产品的生产、更新等要考虑转化率。产品生产很快，更新迭代也很快，但是没有得到用户认可，没有把产品转化为利润，其实就是在浪费产能和消费者的感情。如果产品变多、升级加快，但是用户体验变差，就是舍本逐末、急功近利。这些 KPI 当然是没错的，但是产品的好坏，决定权在用户体验上。把用户体验管理制度化作为重要的考核指标，值得家电企业借鉴。

在家电产品设计生产和服务营销中，要把握一些常见的用户体验点，比如让产品设计更加个性化、让用户使用更安全，让老人孩子使用更方便等。围绕这些用户体验点不断改进，把用户体验做上去，重视起来并纳入管理机制。只有把用户体验变成企业考核 KPI，才能保证企业的产品是符合用户体验要求的，是有市场的。

第三，要把用户体验至上贯彻到底。

周鸿祎说："你把东西卖给用户或者送给用户了，你的体验之旅才刚刚开始，用户才刚刚和你打交道。"互联网公司的产品经理们会日夜不停地研究用户的使用习惯，让自己站在用户角度思考。

家电企业不仅要向互联网公司学习对用户体验的重视程度，还要把用户体验的打造，贯穿到冰箱、洗衣机、电视等各个终端；贯穿到电商、代理商、体验店等各个销售渠道；贯穿到广告宣传、活动策划等各个传播媒介；贯穿到购买、送货到家、安装、维修等各个服务环节。在互联网时代，企业的宗旨就应该是为用户创造全流程的最好的用户体验。互联网时代用户发生了变化，随之而来的消费趋势也发生了变化。80 后、90 后成家立业，已经成为家电的主要消费人群。这些消费群体的特点是注重体验、情感、简便和个性化。

企业打造用户体验的过程就是品牌建设的过程。良好的用户体验能给用户带来情感上的愉悦，让用户更容易接受产品。今天，家电企业产品同质化严重，家电几乎成了"标准件"，企业要想称霸市场很难。一般的家电企业能给顾客提供基本的功能需求，优秀的家电企业能给用户带来附加价值，顶尖的家电企业能为用户带来最佳的体验。

当所有家电企业都能满足用户的功能需求，都能为消费者带来常见的附加价值的时候，你会发现最后家电企业能获得用户芳心的东西就是用户体验。

口碑法则——源于信任的多米诺效应

在当前高信息量、快节奏的生活环境下，大多数人面对广告轰炸已经提不起兴趣。人们拿起遥控看电视的时候，看到广告很快就换台；看到报纸杂志的广告页面，毫不犹豫地就翻了过去；对于路边的广告牌和随处张贴的小传单更是视而不见，人们面对广告式的信息塞入已经越来越抵触。

很多用户不相信广告，但对自己的亲朋好友甚至是有着同样经历的陌生人却很信任。当他们通过网络或者其他途径知道好友对某种产品进行推荐时，便会关注这款产品。在社交网络发达的今天，人与人之间的联系越来越紧密，信息通过网络在人们之间的传播越来越方便，效率越来越高。这就使口碑传播成为可能。

口碑是熟人与熟人、圈子与圈子之间的相互传播，基本上是通过好友、同事、相似经历的人进行传播和交流，因此可信度非常高，口碑宣传就是源于信任的一种多米诺效应。[①]

家电产品尤其需要做口碑。当人们不需要家电产品的时候，往往很少去关注它

---

① 多米诺效应：在一个联系的系统中，一个微小的反应就会引发一连串的连锁反应。

的广告，所以人们平常很难了解什么品牌的家电产品比较好。而当需要买家电的时候，往往会征询周围的朋友、亲戚的意见，询问他们买过什么牌子的家电，使用感觉怎么样，从而帮助自己决定买哪一种产品。这就表明家电企业应该对做口碑有足够的重视。

那么，家电企业如何做好口碑呢？

一是产品要有爆点。爆点就是产品被用户关注并能引爆话题的点，是产品做口碑的落地点。小米口碑营销做得好，主要是因为其产品价格成为爆点，同样配置的手机，你卖三四千元，我只卖 1999 元，同时你想买还不一定能买到，这样爆点一下子就来了，众多的米粉和网友整天都在聊小米手机。家电产品也想搞低价营销，但是和小米不一样，你降价，他也降价，一旦形成价格战，就没有爆点了。

价格引不起爆点，产品的基本功能又很相似，那就要从产品外观上寻求爆点。但是家电产品的外形往往也是很"中庸"的，你的冰箱是个长方体，我的冰箱也是个长方体，没有"性格"。要想产品有爆点，产品外形就得做得有差异化，要和其他品牌有区分度。比如乔布斯时代的苹果，当其他手机还普遍都是小屏幕的时候，苹果手机已经是大屏了，所以苹果的手机产品就有了爆点。家电企业应该注重外观的个性化，这是最容易改变，也是最容易引爆的，索尼曾经推出 45 寸的壁挂式电视，一度也成为爆点产品。

二是要利用社会化媒体。九阳的一款面条机 3 天卖了 8920 台，就是借助社会化媒体来实现的。2013 年 4 月 23 日，九阳在它的天猫旗舰店做了一次新浪微博营销。通过邀请 50 位育儿达人妈妈使用面条机，产生了 150 篇试用报告。通过这些达人的参与，实现了 19201 次转发，5622 条评论。在 8920 个成交的订单中，有 4241 个来自新浪微博。社会化媒体已经盛行了好几年，从当初的论坛、博客到现在的微博、微信都成为重要的营销平台。社会化媒体是让家电企业摆脱交流碎片化，和消费者快速建立联系的平台。企业的口碑传播、新产品的推广、新客户的发掘都能在社会化媒体上完成。社会化媒体力量是很大的，通过社会化媒体能将口碑放大。

社会化媒体应该注重内容，而不是单纯做广告。企业利用社会化媒体进行宣传，必须让消费者愿意关注信息，并散发传播信息。单纯地做广告，消费者很难产生关注的欲望，消费者只会转发有价值的内容。

对于社会化媒体的选择，企业应该多管齐下。如今的信息传播是渔网式的，没有真正主流的渠道。微信、微博、视频、朋友圈、论坛都应该利用起来，全方位地宣传。家电企业已经意识到了社会化媒体的重要性。海尔、格力、美的等多个家电企业都已经开始在微博上宣传产品。

三是要给用户提供优质的服务。优质的服务能使用户更加信任企业。海尔青岛总部曾接到一位福州用户的电话，用户买的海尔冰箱要申请售后维修。当时海尔就决定让售后人员乘飞机去福州。第二天，海尔的维修人员就赶到了用户的家中。用户当时简直不敢相信，在维修单上写下了这样的话："我要告诉所有人，我买的是海尔冰箱。"

从经济角度来看，海尔的这种做法简直不可理解，但是它能为海尔带来用户口碑，长期来看是很值得的。家电企业面对的售后服务很常见，为用户提供服务的优质程度，十分影响用户的口碑。

四是做口碑切忌虚假宣传。网上雇粉丝，花钱找托的企业有很多，但大多数很快就被识破了。信息高度透明的时代，靠演技已经不行了。营销道德是企业口碑的前提。企业必须保证自己宣传的产品和服务的真实性，不能无中生有或夸大其词。

家电企业往往打着"节能环保"的口号去卖产品，但往往只停留在概念上，这很容易对企业的口碑造成伤害。对产品的缺点不要遮掩，实事求是地宣传自己产品的特点，反而更容易引发口碑传播。

五是利用大数据，主动预警客户可能遇到的问题。2015年2月，中国消费者协会发布了"2014年全国消协组织受理投诉情况分布"统计表，该表显示，家用电子电器类投诉量排名第一，且占总投诉的比重高达20.8%，远高于其他类别的投诉比重。在以前，大部分家电企业都是被动应对客户投诉，这在一定程度上影响了家电企业的口碑。

通过线上渠道，家电企业完全可将消费者的负面评价，通过大数据挖掘监测和整理及时反馈到服务部门。服务部门可主动与这些消费者联系，提升服务质量。而线下渠道企业掌握的用户资料较为直接，可以定期打电话询问是否有问题，并根据询问情况利用大数据分析哪些家电主要存在哪些问题。对于已经发生的影响口碑的事件，企业更应该利用大数据检测预警工具，时时关注消费者对企业的评价，做到及时有效响应，换取消费者的信任。

口碑宣传建立在互相信任的基础上，"靠谱的企业产品也靠谱"是消费者的普遍认知。企业必须赢得消费者的信任，消费者才会为企业推广产品。家电企业应该从建立信任入手，打造具有爆点的产品和优质的服务，并利用社会化媒体快速传播形成口碑效应，让消费者一边享受产品和服务带来的良好体验，一边绘声绘色地传播。

尖叫法则——做超预期的产品

只有把一个东西做到极致，超出预期才叫体验。我开个玩笑，大家别乱写微博。比如有人递过一个矿泉水瓶子，我一喝里面全是50度的茅台，这个就超出我的体验嘛。这是一个虚构的例子，他们没有大吃大喝。假设它是一个体验，我就会到处讲我到哪儿吃饭，我以为是矿泉水，结果里面是茅台，我要写一个微博，绝对转发500次以上。

　　这是周鸿祎在谈论传统企业怎么面对互联网时的讲话。从这段话可以看出，超过用户预期主要有两点：第一是要理解用户的需求，知道用户想要什么；第二是不仅要满足用户的需求，还要超越用户的期望。尖叫是用户对企业的赞扬，尖叫的背后是超越用户期待的产品。

　　想要做超越用户期待的产品，首先要把握住用户的痛点。用户存在一些问题，这些问题不容易解决，令他们很痛苦。这些痛苦就是企业要关注并解决的问题。用户的痛点可能不是一个固定的点，而是一个不断变化的过程。用户的痛点会随着对产品和市场的理解不断变化，所以企业应该对用户痛点有更敏锐的把握。

　　对家电企业来说，用户的痛点主要体现在产品的消费者对于某个场景的需求。家电企业还应该注意细节给消费者带去的烦恼。比如使用洗衣机洗衣服的时候，有的消费者很反感洗衣机噪音大，有的消费者习惯手洗内衣，有的洗衣机虽然设置了不同类型的衣物清洗模式，但消费者很难判断衣物的材料。再比如使用冰箱的时候，总是因为冰箱门开关处结冰造成冰箱门关不紧。这些都是家电企业应该注意解决的用户痛点。

　　痛点本质上是用户的强需求，强需求胜过好产品。所以家电企业一定需要抓住用户的痛点，这决定了你生产的产品用户需求"刚不刚""硬不硬"。

　　抓住消费者的痛点后，还要生产出极致的产品，把这种"痛"转化为"痛快"。值得注意的是，如果能把产品做到极致，甚至可以抹平价格和技术的劣势。

　　2013年10月25日的中国国际广播电台《老外看点》栏目中，瑞士主持人李牧讲了一个故事，大意如下：

　　瑞士被誉为"钟表之国"，到20世纪初，瑞士已经是世界钟表业的领头羊，但是在20世纪六七十年代，瑞士钟表业受到来自日本钟表业的巨大压力。一方面日本的钟表便宜，质量也不错，而瑞士钟表贵，因为瑞士的人工成本非常高；另一方面日本的电子计时技术开始在全球盛行，冲击着机械表市场。当时有一种建议，因为瑞士人工成本太高，可以把生产外包给日本，品牌还是瑞士的，也就是用贴牌生产的方式。当时很多产业都向日本转移了（就好像当今的中国），比如汽车。

但是瑞士并没有这样做，这是因为瑞士有几百年的钟表制作经验和更优秀的表匠，他们能够做得比日本更好、更精密，把复杂的零部件做得更加极致。比如原本有 300 个零部件，最后精简到只有 100 个零部件，这样成本降低，质量更好，日本做不到这一点。因此，瑞士直至现在还是世界钟表业的领头羊。①

瑞士表匠们就是把产品做到极致的代表，他们不仅仅把钟表当成一种"商品"，产品对于他们来说已经成了一门"艺术"。表匠们把对制表手艺的热爱、痴迷、陶醉化为对产品的精益求精和极致追求。这些倾注了表匠们心血和感情的产品和服务，能够打动消费者，超越消费者的期待。日本表虽然更便宜，技术更先进，也没能动摇瑞士表的龙头地位。小米联合创始人王川说："极致就是要把自己逼疯，把别人逼死。"

互联网时代，产能过剩，许多家电企业都面临着销售困境。它们发现以往"渠道为王"的方式行不通了，实体店再多，经销商再多，产品还是卖不出去。所以家电企业应该回归到产品本身，只有把产品做到极致，才能超越用户预期，才能够赢得人心、赢得市场。

想要让用户尖叫，首先要让自己尖叫，这是长久以来家电企业没能做到的问题。家电企业作为传统制造业，要求产品经理要保持冷静，害怕设计太有特色的产品可能会带来的重大失误。这导致家电产品往往很平庸，既没有太大缺点，也没有令人惊艳的东西。一款连自己都无法尖叫的产品是无法让用户尖叫的。

---

① 赵大伟：《互联网思维——独孤九剑》，机械工业出版社 2014 年版，第 77 页。

做超预期的产品就要敢于突破，做用户没有想到的事，做别人不敢想的事。360公司就是这样一个代表。当所有杀毒软件都收费的时候，360推出了永久免费的360杀毒软件。用户一下子就沸腾了，有免费的产品，而且还不错，为什么不用呢？这个行业很快就发生了翻天覆地的变化，360作为曾经的落后者很快成了领先者。

"米粉"和"果粉"为何会像粉丝一样为小米和苹果的产品摇旗呐喊？雷军曾说："永远要做让用户尖叫的产品，做不出来我们就平庸了。"乔布斯说："我们把屏幕上的按键设计得如此完美，就是为了让你情不自禁地点击它们。"打造"让用户尖叫的产品"已经深入到小米和苹果的骨髓里，正是超越用户期待的产品让它们获得了巨大成功。

家电企业做超预期的产品最主要的是保持人性化，注重用户思维。史玉柱所说的互联网思维里的"屌丝经济"，值得家电企业重视。要广泛接触消费人群，与基数最大的群众打成一片，反映最基础层面的消费诉求、消费利益。切忌高高在上，脱离了群众的实际需求和真实愿望，盲目追求产品的"高端""多功能"。对于大多数普通消费者来说，购买家电是为了更便捷、更舒适地享受居家生活。复杂的操作系统、多余的功能、缺乏人性化的交互设计，是家电产品应该尽量避免的。再高端的"高科技"产品，没有超过消费者预期的功能，都不会引起消费者的尖叫。高科技产品的发烧友毕竟是小众，把产品做得贴合人性化需求，让消费者的家居体验更加随心所欲，是家电产品引起用户尖叫的根本。

互联网时代，只有第一，没有第二。如果你的产品做得好，但并没有引起用户尖叫，那么你就可能被打败。当一个产品超越用户期待的时候，还会怕卖不出去吗？还会担心不赚钱吗？

第五章

企业家品牌与社会化营销

系数法则——领袖形象决定企业品牌价值

一个从没有踏上中国土地的人，被无数的中国粉丝称为"乔帮主"甚至视为神。横跨一个太平洋，依然无法阻挡人们对他的崇拜。这就是苹果的创始人史蒂夫·乔布斯。成千上万的人因为喜欢他而成了苹果的忠实拥趸，为了他的产品而彻夜排队。

我们了解一个人后，若被他的故事所触动、被他的魅力所打动，就会产生共鸣，甚至上升为信仰。我们也会把他的性格特征和形象赋予企业的产品和品牌。所谓爱屋及乌，就是如此。

企业领导人形象就是企业品牌价值前面的系数，成功的企业领导人形象能够放大企业品牌价值，失败的企业领导则会拖累企业声誉。

成功的领导人形象，是企业品牌的名片，也是企业品牌资产的关键载体。成功的领导形象往往对企业发展起到事半功倍的效果。提到马云，大家很自然会想起阿里巴巴。很多人是因为马云而了解并加入了阿里巴巴，现任阿里巴巴集团副董事长蔡崇信就是这样。1999 年，蔡崇信年薪已近百万元，个人资产是当时阿里巴巴公司总资产的 10 倍还多。就是因为看中马云这个人，他情愿拿着每月 500 元的工资加入阿里巴巴。蔡崇信曾经说过这样一段话：

当我与马云见面的时候，我被他的人格魅力深深吸引了。他非常平易近人，显而易见，还极有魅力，他一直都在高谈阔论着伟大的愿景。我们没有谈商业模式、盈利或者其他业务上的东西。他说："好吧，我们拥有这些数以百万计的工厂（资源）。我如何帮助这些工厂接触西方世界（外国公司期待从中国寻找供应商）呢，而它们却看不到光明的一天的到来。"互联网真的了不起，它发挥均衡器的作用，使得竞争环境变得扁平起来。

在世贸组织接受中国成为成员之前，情况确实如此。在中国入世之前，产品从中国出口至海外，必须通过国有贸易公司，因为只有国有贸易公司才有许可证。因此，小规模非公企业必须借道国企，方能出口产品。这些小公司若想将自己推销给世界，别无他法。它们不具备出口技能要素。

当时我觉得马云的创意——将这些公司推上线——够得上伟大，却不是什么惊天动地的想法。但我喜欢马云的个性。真正打动我的地方，不仅仅是马云本人，也不是他本人以及一两位跟随者，而是马云已经与一群追随者患难与共的事实。基本上，这些追随者都是他的学生。你知道，马云当过英文老师。这些在大学跟马云学习英语的大学生要么是工程师，要么是进出口人才。我看见了这种非凡的能量。他们工作非常努力。看起来，他们很快乐。我还看到他们眼中的光芒。我心想：哇，这家伙有能力将一群人聚集在一起，是个伟大的领袖。马云真的有能力做成一番事业。那就是最终说服我的原因。

当时我脑中想的是这样的："哎呀，我要不也加入这个冒险之旅的团队呢？"这就是说服我的地方。你希望跟随有能力与别人合作，且有能力领导并把各地人才网罗到自己身边的人。

之所以我与马云合作得很好，是因为对于任何东西而言马云都没有据为己有的感觉。换言之，他很愿意承认自己的弱点，他说道："嘿，这个我不在行。"很多强势企业家——我肯定马云作为企业家也是强势的那种——都会说："我擅长一切。营销，我在行。编码？我也擅长。"①

如果说马云是阿里巴巴的导演，那么蔡崇信就是阿里巴巴的制片人。蔡崇信的加入对阿里巴巴后来的融资、发展有着决定性的作用。坊间戏称他为"马云成功背后的男人"。蔡崇信觉得马云是一个有激情、有梦想、有领导力的企业领袖，他相信马云一定能达成自己的目标，所以加入阿里巴巴。因为马云的个人魅力，阿里巴巴吸引了人才、资金，塑造了企业品牌，成为中国乃至世界最有价值的品牌之一。

企业领袖形象不佳，会影响投资者对企业的信心，甚至会直接影响公司的股价。

美国微软公司 2013 年 8 月 23 日宣布，微软首席执行官史蒂夫·鲍尔默已经决定在一年内退休，一旦确定了鲍尔默的接替者，鲍尔默马上退休。鲍尔默声称："对于这种类型的过渡，从来都没有一个完美的时间点，但如今却是一个恰当的时机。我们已经制订了新战略，成为一家新机构，拥有一支优秀的高级管理团队。我最初的想法也是在公司向设备与服务方向转型的过程中退休，我们需要一位能够长期执行新战略的 CEO。"市场就是这么无情，鲍尔默决定结束 30 多年的微软生涯，并没有让市场为之惋惜。在宣布鲍尔默退休计划后，微软的股价在收盘前大涨 7.14%。

---

① Tom Li：《Forbes 对话蔡崇信：马云还是那个马云》，快鲤鱼网，http://kuailiyu.cyzone.cn/article/7117.html,2014-01-10。

企业领袖往往赋予了企业品牌人的性格特征，像企业价值前面的那个系数一样，决定了企业的品牌价值。鲍尔默对微软来说是一个小于1的系数，令企业品牌价值变得更低。美国华尔街的大佬们认为鲍尔默只适合做一个执行者，而不是指挥者。著名对冲基金经理大卫·艾因霍恩称："鲍尔默被困在了过去，他仅仅是微软的一个看管人。"鲍尔默宣布退休，微软股价立即大涨，直接说明了企业领袖决定了公司的价值系数。

如果说企业是一条项链的话，企业领导人就是项链中间的那颗吊坠。合适的吊坠让项链艳丽夺目，平庸的吊坠会让项链也显得庸俗。

乔布斯去世后，苹果的产品开始变得平庸，因为他的继任者库克没有乔布斯那种疯狂追求极致的精神；周鸿祎人称"红衣大炮"，性情耿直、说话尖锐，是一个优点和缺点一样明显的人，奇虎360也是"野蛮生长"，让人觉得具有颠覆能力；丁磊特立独行，所以网易一直给人"不走平常路"的感觉。

这就是企业领袖形象对公司品牌的影响，企业领袖的性格代表了企业产品的个性和企业文化的基调。企业领袖的形象是企业品牌价值的系数，直接决定了企业的价值是被放大还是被缩小。

当子弹遇上原子弹

在互联网时代之前的很长一段时间里，掌握了渠道和大客户，就是掌握了企业的实际控制权。所以分管销售的副总最容易创业成功，因为他打通了渠道，带来了销售。当时企业领袖的重要能力是公关能力，他要能搞关系，弄到资源，打通中介。

但是在互联网时代，信息流通渠道发生变化，企业直接与用户对话，中介逐渐被信息对称消灭。这时企业领袖最重要的能力就是塑造产品和品牌形象的能力。而产品和品牌形象的塑造与企业家形象关系紧密。德国的商业周刊曾做过一项调查，64%的企业主管相信企业声誉主要来自CEO声誉。所以在互联网时代，企业家最重要的是其带来的影响力。

家电行业和互联网行业是目前国内市场表现最好的两个行业。但是家电大佬和互联网巨头的影响力相比，就好像是子弹和原子弹之间的差别。

我们简单地对比一下家电企业的大佬和互联网大佬。我们分别拿家电行业影响力最大的张瑞敏和互联网行业影响力最大的马云做对比。先来看看大家是怎样评论张瑞敏和马云的。

马云：张瑞敏是真正的管理大师，真正专注于企业的管理和经营。全中国来看，只有张瑞敏，他知道自己在做什么，他知道自己要什么，很多人讲管理就是希望你榨出更多东西出来，你（指张瑞敏）是在不断地变革和调整。

王瑜现（著名财经作家）：仅从经营的层面看，他达到了一个高峰，并试图在大转折时期继续引领行业之先，但如果从较之经营更高一个层面的对社会的情操度来说，张瑞敏可圈可点的地方并不多。

胡泳（著名财经作家）：张瑞敏是有远大抱负的人。总是想在事业上打响中国品牌。

《中国企业家》杂志：宅男。

海尔青年员工：干涩的业余生活。

不难看出，张瑞敏的公众形象是专注于经营管理，低调、务实，有远见和魄力，但是缺少个性。

再看对马云的评价。

王健林（万达集团董事长）：马云创新思想活跃，创造了一种商业模式，而且在年轻人当中也树立了一个很好的楷模。

任志强（原华远董事长）：马云奋斗（故事）的励志性对中国社会的价值远超过他创造的企业帝国和财富，虽然我以为马云是外星来的，但他仍然是中国的骄傲。

雷军（小米 CEO）：创业时我认真地研究了马化腾、李彦宏、马云等人的创业史，马云对我的帮助最大。

《福布斯》杂志：深凹的颧骨，扭曲的头发，淘气的露齿笑，5 英尺高，100 磅的顽童模样。这个长相怪异的人有拿破仑一般的身材，同时也有拿破仑一样的伟大志向！

阿里巴巴员工：马云就是神。

从这些评论可以看出，马云除了在经营管理上属于大师级之外，对整个行业乃至对整个年轻一代的影响都是巨大的。张瑞敏是宅男，连高尔夫都已经几年没打过了，而马云经常在公开场合打太极拳；张瑞敏在年会基本上都是谈经营管理，他一走进会场员工就知道要说组织管理了，而马云在年会上谈的东西很多，责任、梦想、财富都有涉及，而且在年会上有过各种搞笑造型，甚至扮演过白雪公主。所以就个性方面，马云远比张瑞敏活泼，受人喜爱。

张瑞敏只在管理方面对一些企业家有影响力，而马云影响的群体很多，从企业家到普通创业者，许多人都受其影响。

百度指数反映了媒体对某个关键词或者人物的关注程度。张瑞敏的百度整体搜索指数为 902，而马云为 48900，是张瑞敏的 50 多倍！

此外，通过整体关注趋势对比可以看出，张瑞敏的关注度整体保持在一个稳定的状态，但马云的关注度变化很大，时常有峰值出现。马云搜索指数最高时是 120000 左右，而张瑞敏最高时是 1300 左右，马云最低时是 48000 左右，而张瑞敏是 700 左右。搜索指数反映的是普通网民对他们的关注度，从这点来看，张瑞敏对普通网民的影响力，显然和马云相差甚远。

再看媒体指数对比。媒体指数反映某个人物在媒体上的曝光率，媒体对人物的关注度等。显然，媒体对张瑞敏的关注度明显低于马云。张瑞敏的媒体指数只有马云的 1% 不到！这反映出张瑞敏在媒体曝光方面远弱于马云。

在新闻监测方面，无论是新闻头条还是平均值，张瑞敏都落后于马云。比较其中的新闻头条数目，2015 年 1 月 2—8 日张瑞敏有 2 条，马云有 5 条。新闻头条相关条数方面：张瑞敏共有 3 条，马云有 361 条。可见马云比张瑞敏更容易上新闻头条。上新闻头条说明人物话题的热度，显然张瑞敏的热度比不上马云。

再看涉及需求图谱对比，张瑞敏涉及的内容主要集中在家电产品和海尔集团两块，而马云涉及的方面太多。在影响范围上，张瑞敏影响范围比较窄。

这些对比或许有一点不公平，因为张瑞敏是 1949 年生人，今年已经 66 岁了，在对新媒体和年轻一代的影响力上不能和 1964 年出生的马云比。但是，掌门人在年龄上的差别在互联网和家电行业是普遍存在的。家电业的企业家大多出生于 20 世纪四五十年代：格兰仕董事长梁庆德是 1937 年生人，格力董事长董明珠是 1954 年生人，TCL 董事长李东生是 1955 年生人，海信董事长周厚健是 1957 年生人；而在互联网行业，大部分大佬是 60 后、70 后甚至 80 后、90 后：百度的李彦宏出生于 1968 年，小米的雷军出生于 1969 年，360 的周鸿祎出生于 1970 年，腾讯的马化腾出生于 1971 年，京东的刘强东出生于 1974 年，而脸萌的 CEO 郭列出生于 1989 年，"泡否"的马佳佳出生于 1990 年。

成长的环境不同导致思想和行为不同，但是家电行业的企业家们，在个人影响力方面确实与互联网行业企业家们有距离。所以从某个角度上说，两个行业的企业家影响力之间的距离，如同子弹威力与原子弹威力的差别。

互联网企业家们关注的话题面更广，在产业领域、商业领域、社会领域，互联网企业家的影响更深远。所以互联网行业这几年蓬勃发展，互联网品牌认知度很高。

子弹打的是一个点，目标是一个固定的事物；原子弹覆盖的是一个面，甚至是一个空间，它的辐射力可能影响到以后的几十年。当子弹遇上原子弹，很快会被淹没在原子弹的光和热中，能量被吞噬。

当人们悲观地认为互联网企业将会颠覆家电企业的时候，家电企业家们更需要关注并提升自己的形象和影响力，避免被淹没在一片唱衰声中，让投资者和消费者失去信心。

家电企业家形象定位三原则

情商大师丹尼尔·戈尔曼把领导者的形象定位划分为远见型、关系型、民主型、教练型、示范型、命令型等六种基本类型。当然这仅仅是停留在纯理论上的简单分类，单一型的领导者并不存在。不同行业、不同企业的领导者，在不同的场合、不同的情境下会表现出不同的形象。

我们需要做的是，尽可能地塑造和维护企业领袖形象，筛选出企业领袖形象的积极一面，并挖掘、强化使之成为相对稳定和凸显的特质，使企业领袖更生动地为企业代言。

家电企业家的形象塑造有三大原则：顺应时代定风格，以自身性格定基调，以企业特性定个性。

第一是顺应时代定风格。互联网改变了人与人之间、组织与组织之间交互的时间与空间。人与人交流更加方便，互联网时代企业家和用户的距离大大缩短，企业家被越来越多的人了解。信息传播效率更高、成本更低。互联网时代的特点是信息透明、传播快速、沟通零距离，所以要求企业家要做到亲民，走群众路线。

巨人网络前 CEO 史玉柱，常常称自己为"屌丝"。著名导演冯小刚曾在微博炮轰"屌丝群体"，称自称"屌丝"的群体是自贱，而不是自嘲，要么是弱势，要么是脑残。史玉柱随后发布微博写道："我就喜欢自称屌丝。是自贱吗？本屌丝也不知。反正我以后继续以屌丝自居。据说我的部下去注册'屌丝'商标了，为我保驾护航。以后谁自称屌丝，向本屌丝交一分钱。"史玉柱不仅自称"屌丝"而且注册了"屌丝"商标，这其实不是简单的搞笑，而是一种亲民行为。史玉柱发表的这条微博被转发近20万次。当今社会很大一部分人对家电企业家抱有严肃傲慢、因循守旧的固有印象。所以家电企业家更不宜清高、神秘，亲民形象更容易获得认可。

第二是以自身性格特点定基调。企业领袖之所以成为企业形象的系数，之所以具有感染力，正是因为自身的性格特点和魅力。因此，深挖、丰富这种性格魅力就成为企业领袖形象定位的重中之重。

以自身性格定基调，强调从真实出发。"罗辑思维"创始人罗振宇说："互联网的世界，真已超过了善，成为道德的最高标准。"用户的眼睛是雪亮的，互联网时代信息又是透明的，所以要真实，要敢于说自己的话，因为再高超的演技，也隐瞒不了事实真相。周鸿祎说自己"做事比较简单，做事过于直率""特别容易得罪人"。周鸿祎有单挑腾讯的彪悍，也有《小善大爱》中为老兵擦皮鞋的率真。周鸿祎正是因为真实地表现了自己的性格特性，再加上有意无意地深挖和强化，丰富了自己的形象，让许多人认为周鸿祎敢做敢言，率真可爱。正是周鸿祎的这种直率让他获得了不少粉丝，奇虎360也正是在这些人的支持下才能走到今天。

家电行业的企业家大多行事低调，圆润温和。家电企业之间市场竞争激烈，但企业家之间多惺惺相惜。除了一个董明珠，在微博上很红的家电企业家为数不多，很少有人这么直接地显露自己的性格特点。具体来说，家电企业家形象定位必须首先罗列出自己性格中最有表现力的因子，然后把其中的正面因子挑拣出来并按强弱排序，最后把这些因子中最富表现力的几项作为核心，其他积极因子作为辅助，打造自己的形象基调。

第三是以企业特性定个性。企业的文化有自己独特的特点，产品有自己的主打方向。企业领袖形象，应该与企业固有的文化和产品合拍，至少不能相抵触。企业领袖形象中有和企业文化和产品契合的特点，一定要放大凸显。

阿里巴巴做的是电商平台和互联网金融，它的企业文化是"让天下没有难做的生意"，淘宝最大的困扰是假货，支付宝的特点是诚信，所以马云表现出来的公众形象就是亲民和责任。马云在公开场合谈的多是理想和使命感，当然这也是马云自身性格和境界的真实表现。再如，百度的文化理念是"简单可信赖"，主打产品是搜索，所以李彦宏表现出来的是一个儒雅博学的形象，这也是李彦宏本身素养的真实表现。腾讯的文化理念很多，其中最主要的是"不断倾听和满足用户需求，引导并超越用户需求，赢得用户尊敬"，所以马化腾呈现出的是一个深思熟虑的产品经理形象，行事稳妥、敏思讷言、言出必行。网易要养猪，丁磊就自己先养了一头；搜狐要做视频娱乐，张朝阳就塑造时尚形象；小米要做手机，雷军就把自己变成了手机发烧友。

企业领袖的个性一定是既要有自己的性格特点，也要有企业的特性，自身性格和企业性格的交集就是要凸显的个性。

家电企业领袖应该用个性化的形象代替传统的低调风格，如此有利于家电企业的品牌建设和宣传。企业领袖形象与企业文化和产品契合程度越高，企业产品就越容易被人们记住，企业品牌就传播得越快。

企业领袖形象属于企业品牌和文化的有机组成部分，企业领袖形象的塑造和传播是和企业文化、产品、品牌的传播互相支持的。家电企业领袖形象的管理和塑造不能脱离"亲民、真实、个性"的主轴。家电企业应该将企业领袖形象纳入企业文化和企业品牌发展的范畴，建立长效塑造和维护的机制。

第六章

一切企业都是服务型企业

互换法则——服务是基于"同理心"的互动

瑞士著名心理学家卡尔·古斯塔夫·荣格曾遇到过一个奇怪的病人，她总幻想自己是从月球来的，到了好多医院都没有办法治愈。后来到了荣格那里，荣格并没有像其他心理医生一样试图纠正她的妄想，只是耐心地听她讲述了月球上种种生活中的场景，并且询问了她一些关于"月球生活"的问题。然后，荣格推心置腹地告诉她：虽然月亮很漂亮，那里的生活也很美好，但是月亮很遥远，您已经不可能回去了，所以还是安心地当个地球人吧……

荣格就是站在"用户"的角度去为"用户"服务，才更好地解决了"用户"的麻烦。优质的服务是基于"同理心"的，是一种人与人之间的情感互动。

通过有"同理心"的服务，企业和用户之间才能建立理解和尊重、共识和默契。企业在发展过程中，一些员工工作时间长了，难免会产生厌烦情绪。特别是企业的服务人员，在长期与客户交流的过程中，每天被形形色色的客户要求所烦扰，难免有所倦怠。另外围绕着用户进行服务，不可避免会遇到各种各样的意见和批评，有的意见很中肯，但大多数只是情绪发泄。服务人员需要有角色互换的心态，站在客户的角度去思考，才能更好地解决问题。

《互联网思维——独孤九剑》的作者赵大伟说，服务的精髓就是三个字：同理心。无论你有多高的技能或者准备多么充分，没有互换角色的思维就不能把服务做到消费者心里。

"三只松鼠"是一个只在互联网上卖坚果的企业，仅仅开张半年便成为淘宝坚果类产品销售额第一的店铺。三只松鼠在卖出坚果时会同时配送一张卡片、一个果壳袋、一包湿巾和一个封口夹。它准确把握了和用户互动的关键，就是同理心。三只松鼠站在用户的角度，把用户的心理琢磨透了。比如你在街上买了一袋坚果，想边逛街边吃，又苦于没有地方吐壳，只好作罢。三只松鼠敏锐地抓住这一点需求，送你一个结实的果壳袋。吃不完，放一会坚果就蔫了、不脆了？送你个封口夹，可以把没吃完的重新封起来。当你准备停下不吃的时候，还有一包湿巾方便擦手。是不是很周到呢？把你可能遇到的问题全解决了。三只松鼠做的事情很简单，就是站在用户的角度，模拟用户使用商品的情景，提供更细致的服务。猎豹移动公司CEO傅盛说："琢磨用户的需求，很多时候就是差了那么一点点。多一点的付出，多好多的回报。"送个果壳袋、封口夹谁都能做，成本也不高，但是这种和顾客互换角色的做法值得借鉴。

三只松鼠通过互联网卖坚果是站在用户的角度去思考问题，取得了不俗的效果，其他行业当然也可以效仿。互换法则可以很好地解决服务过程中遇到的各种问题，从整体上提升服务人员的素养。中国家电业经历了规模生产竞争、技术创新竞争，即将进入一个服务竞争的新阶段。服务的质量水平将决定企业在行业内的竞争力。

家电企业服务人员可以结合企业状况和产品特点，从以下三个方面与用户互换角色。

一是从需求上互换角色。当我们要将某种服务或者产品推荐给用户时，要站在用户的角度上思考问题。用户真的需要么，还是我单方面觉得他需要？如果是我单方面觉得他需要，那么就不需要将这种服务推荐给他。比如最近一些家电企业在用微信进行消息推送。这对需要了解家电产品信息的用户来说是需要的，但不是所有人都需要。所以如果站在用户的角度，就不会长篇大论地推送消息，而会发送简短的介绍和一个链接，感兴趣的用户自然会点击进去。家电服务人员在面对用户的咨询时，要照顾用户的感受度和认同度，不要一开口就滔滔不绝——假如你是用户的话，肯定也不希望自己在买冰箱的时候，同时还要听服务人员介绍空调、洗衣机、电视机等一堆产品。顾客需要的不仅仅是商品，除了商品之外，他们还希望得到一次愉快的购物过程，希望得到尊重、赞美等。

二是从使用情景上互换角色。仅仅将家电产品安全送达用户家中是不够的，还要考虑到用户家庭格局、布置，用户会把它放在什么地方，主要使用它的什么功能。这时候要考虑它的使用情景，注意噪音、占据空间、使用效果等问题。如果是在你自己家中，你会不会考虑到地板的问题，在冰箱下面铺上一层橡胶皮，避免有水滴到地板上？如果你能考虑到的话，那么就这样为用户做吧。

三是从售后服务上互换角色。售后问题的出现，原因可能是多方面的，有的是因为产品本身有问题，有的是因为用户误操作。无论是哪一种情况，用户都会怪罪到家电制造商身上。这就要求服务人员不仅要晓之以理，还要动之以情，耐心去解决问题。毕竟，家里的东西坏了影响日常生活，无论是谁都会有点不开心。用户并非蛮不讲理，企业在这种情况下，耐心和用户交流，积极解决问题，一定会获得用户好评。

服务是基于"同理心"的互动。同理心就是把自己和用户角色互换，充分理解用户的感受，如同朋友一般推心置腹，彼此平等、彼此尊重，这样的服务会使服务者和用户双方都感到愉悦。

目前，我国家电行业的服务做得还不够好。中国消费者协会在 2014 年 12 月发布的《2014 年 10 省市家电产品质量和售后服务状况调查报告》显示：家电产品售后服务满意率均在五成左右。家电的服务问题依然是悬在家电企业头上的一把尖刀。

许多家电企业想不通，为什么我的服务做得已经很不错了，可是还是有许多用户不满意？人们总是以自我为中心，用户也是一样，总是希望客服能考虑到自己的利益。把用户当作上帝，不能只是一句口号。互联网思维时刻强调人性化，所以光有表层的同理心是远远不够的，家电企业还要时刻探求用户的想法，挖掘深层的同理心，真正听懂顾客的意思。中国人历来谦虚含蓄，不太直接表达自己的观点和意见，很多情况下是通过暗示。如果不抓住人性，进行深层次的沟通的话，很可能猜不到用户的"感情成分"和"暗示成分"，造成沟通不畅。

站的位置不一样，思考的东西就不会一样。缺乏同理心，没有角色互换的思维方式，在所有企业都是服务型企业的时代，家电企业还有很长的路要走。

量化法则——将无形的服务标准化

被尊称为"现代管理学之父"的管理大师德鲁克和质量管理大师戴明在许多管理问题上都持不同态度，却都强调"不能量化就无法管理"这一理念。消费者对家电服务的要求日益多样化，服务对家电行业的重要性不言而喻。家电行业的服务必须量化，必须可评估。

要对家电服务部门进行量化考核，就必须知道家电服务部门的主要功能和核心价值。对服务部门的核心价值分清轻重，进行排序，是量化考核的必要前提。

客户服务人员从一定程度上来说是公司形象的基础。因为用户大多数是直接和服务人员打交道的，所以服务人员的形象在一定程度上体现了企业的形象。企业应该对服务人员有一定的要求和标准，避免因服务人员影响企业形象。服务人员的形象包括外在形象和内在形象。外在形象包括服务人员的外貌、穿着、动作礼仪等，外在形象可以通过化妆、着装等进行一定程度的改变。内在形象是服务人员的心理素质和修养。服务人员在处理问题的过程中不可避免地会遇到一些麻烦，这要求服务人员在心理调节能力、心理承受能力和洞悉他人的能力方面具备专业水准。企业应该对服务人员在服务过程中的穿着、礼仪、素质等方面建立可量化的标准，以便进行考核。

除了展示公司形象外，家电客户服务人员应该还有一定的技术水准。比如家电企业的安装、调试、维修部门应该有较高的技术水准，保证客户对企业的满意度维持在一个较高水平上。因为一般用户的家电技术知识实在不多，所以服务部门在安装调试或者维修过程中要表现出应有的专业性，避免给用户带来不便。在安装过程中，应该与用户友好地交流沟通，要在服务态度上下足功夫。这些服务部门在工作中还要将一些家电的使用方法、常见问题告知用户，避免问题再次发生。服务部门不能等到客户反映问题才去解决问题，应该主动和客户建立联系。因此，家电企业应该对这些服务制定标准和规程，比如说对用户满意度、安装或维修之后是否出现问题等进行客户调查，从而实行量化打分。

客户服务人员的另一个重要作用是了解用户反馈和市场需求。由于家电企业专业程度较高，一些服务人员很可能由工程师担任。这部分服务人员的专业技能水平较高，又能直接和用户接触，能够及时收集家电产品在使用过程中出现的问题。因此客户服务人员也应该承担市场调研的责任，积极掌握用户对产品改进的建议，挖掘用户的真实需求信息。而对用户真实需求信息的归纳，对公司产品升级和新产品研发有十分重要的价值。客服人员的市场调研意识和能力应该作为考核他们的重要标准之一。

客户服务人员还有其他许多重要的工作。比如客户服务人员中的工程师可以和销售人员配合，通过专业化的操作和讲解加深顾客的信任度；售后服务人员可以和产品经理配合，对产品体验提出自己的看法，加深产品经理对产品的理解；服务人员可以对家电的市场周期做出预估，为公司的战略规划提供帮助等。企业应该对这些职能有基本的要求并做出考核标准。

服务人员的这些工作都很重要，但是建立量化考核标准的时候要进行综合考量。在考核标准之中，这些工作所占的比重应该是不同的。比如服务人员形象及其所占比重应该比专业技术低一些，而专业技术所占的比重应该比市场调研低一些。

当然，家电行业形势错综复杂，企业情况也千差万别。企业在制定服务人员的量化考核标准时，应该考虑企业自身的需求。企业在发展的不同阶段对服务人员的要求也是不同的。如果是一般的中小型家电企业，可以适当把员工形象和专业技术的比重提升得稍微高一些，通过客服人员的形象和专业技术提升公司的形象。如果是大型企业，可以对客服人员的要求更高一些，把客服人员的市场调研意识和能力比重增加一点。企业制定量化考核标准的时候应该足够灵活，并根据不同时期的不同需求，做出必要调整。

家电企业在制定量化标准的时候，互联网工具和思维必不可少。在服务工作中可以通过大数据检测平台，根据好评率等实时检测用户对服务的评价。家电企业也可以利用相应APP，直接把服务人员的服务次数和用户反馈，用一定的公式计算出服务质量。

服务工作在企业中越来越重要，能否让用户掏出钱包，除了产品质量、产品体验、产品售价等方面的问题之外，客户服务也是一个不可轻视的因素。通过以上方法，企业可以有体系、有标准地量化无形的服务，对企业整体服务质量、服务态度、服务意识进行有效、及时的把控。

契约法则——终身陪伴式服务

小伙子（黄伟）身为 80 后，自认为自己属于"品牌控"，家里的电器无论大小件一律用品牌的，原以为这样的选择可以省去很多不必要的麻烦。前几天家里的冰箱出现严重的漏水现象，因为冰箱还在保修期，就马上联系客服。客服维修人员非常热情地接待了他，工作人员也在约定的时间上了门，可是在查明问题原因后，维修工人称需交 300 多元的维修费。黄伟不解，不是终身保修吗？维修工人说，冰箱已经过了 1 年的保修期，所以就要交维修费用。（《兰州日报》2013 年 9 月 6 日）

中国文化博大精深，"终身包修"和"终身保修"，听来差不多，但事实上差的可不是一星半点。一字之差让维修人员得到了一些微博的利润，却让客户对企业的好感从天上掉到地下。

面对激烈的市场竞争，一些商家打出类似"终身保修"这样的噱头，和消费者玩起了文字游戏。消费者往往很难注意到这些问题，等到要维修时，才发现自己被欺骗了，家电可以保修不假，但是上门服务费、维修费等费用加起来，往往比自己送往维修点还贵。许多消费者受到欺骗后可能选择忍气吞声，但是他们对家电企业"终身服务"的承诺很难再去相信了。格力 CEO 董明珠曾这样说。"现在很多厂家在宣传时都打出'终身服务'的旗号，这完全是不诚实的承诺，几年后这个厂家可能都不在了。"家电企业显然也认识到了终身服务的重要性，但是由于家电企业售后服务存在痛点，目前国内家电企业虽然足够努力，但是依然存在很大的进步空间。

　　家电企业承诺"终身服务"，许诺很容易，但像建立契约那样遵守诺言，除了谨遵诚信以外，还需要有履行契约的能力。家电行业售后主要有三个痛点，克服了这三个痛点，企业才能更好地坚守契约。

　　痛点一：一些大家电在维修过程中运输困难。一些家电体积较大且比较容易损坏，运输费用昂贵。所以在售后出现问题时，一些厂家为避免高昂运费，往往选择第三方来做维修。因为利益原因，第三方维修很难考虑到厂家的包修政策。所以一些维修人员动辄向用户索要几百元的上门服务费、维修费，用户不满意也就不足为奇了。用户很容易把这些维修人员当成家电厂家，所以造成了用户对厂家承诺的不信任。

　　痛点二：家电售后网点杂乱，假冒网点、黑网点鱼龙混杂。家电维修技术门槛高，产品结构复杂，维修起来很难，维修技师需要很高的专业技能。一些维修网点本身水平有限，甚至没有相关资质。他们常常喊出"专业厂家包修"的口号，靠着虚假广告来招揽用户。而一旦有用户进行家电维修，一方面价格昂贵，另一方面返修率很高。家电企业要大面积铺设维修点，成本很高，所以维修点铺设过少，造成假冒网点、黑网点乘虚而入，市场秩序被搅乱。

　　痛点三：用户对家电使用年限有认知误区。我国很早就开始对家用电器年限做了规定，2008 年开始实施的《家用和类似用途电器的安全使用年限和再生利用通则》，明确规定了家电使用年限：彩电、空调 8~10 年；电热水器、煤气灶、洗衣机、吸尘器 8 年；电冰箱 12~16 年；电饭煲、电风扇、微波炉 10 年；个人电脑 6 年；电吹风 4 年。但是这些规定并没有强制实施措施。一些制造商虽然注明了使用年限，但是很少有用户主动关注。对家电使用年限不是很清楚，认为"缝缝补补又三年"，家电产品只要还能凑合，就继续使用，是用户的普遍心态。这就加大了家电企业终身服务的难度，因为一些过了年限的家电产品，不管还能不能正常工作，都应该被淘汰。"终身维修"从这方面来说，是没有可操作性的。

互联网思维并不局限于做产品，将用户的需求和反馈收集起来，用新时代的新方式去解决才是互联网思维的根本。面对家电行业服务的痛点，家电企业可以结合物流和大数据来做"中央服务"。"中央服务"模式就是通过数据分析，将几个大型服务网点建在合适的地方，进而以每一个大型服务网点为服务中心，以第三方快递为网络，覆盖一片区域，实现待维修或者调换的产品从用户到中央服务中心处理，再二次返回到用户家中的过程。

"中央服务"的优点是避免了消费者被一些假冒网点和黑网点欺骗，"中央服务"的网点有限，用户很容易判断出那些假冒的网点。维修和服务效果也有保证，"中央服务"可以集中售后服务技师，合理安排设备、工序，保证服务质量。

有人可能会说，那运输困难问题还没解决呢。其实，中央服务模式把运输问题也解决了。家电运输成本虽然很高，但是可以通过集中运输的方式降下来。比如说某个地方有 5 台冰箱需要维修，一次运 5 台的成本不会比运 1 台的成本高太多，这样平均下来每台的运输成本就降低了。

至于用户对家电使用年限的认知问题，也可以解决。"中央服务"可以利用存储及计算能力，把用户的基本资料录入整理，实现一对一针对性服务。在一对一服务的过程中可以更好地为用户讲解家电知识。

"中央服务"还可以利用其覆盖范围和物流进行旧家电回收。废弃家电比一般的生活垃圾危害更大，属于大型的固体废弃物，含有大量的汞、镉、铬、铅等多种化学物质，甚至一些家电还会产生电磁辐射。如果处理不当，这些家电垃圾会对大气、水源、土壤等造成严重污染，对人体健康和社会经济发展产生巨大的危害。"中央服务"可以利用已有物流优势，把这些废旧家电集中处理，避免资源浪费和环境污染。

除了拥有互联网基因的"中央服务"外，家电企业还可以利用互联网做一些其他服务。家电产品的一些小问题，假如用户稍微懂得家电知识的话完全可以自己动手解决，这样既节省时间又方便。但是，用户往往不愿意自己修，一是怕修出更大的毛病，二是怕自己修理之后厂家以用户不当操作为由拒绝再修。

海尔有一款软件叫"U+智慧生活"，不仅可以一键申请维修、一键评价，而且可以进行视频维修。简单的问题，不需要更换配件的，家电维修人员可以视频指导用户自行维修。较为复杂的问题，服务人员会上门维修。维修产生的费用，可以通过软件的"费用核实"功能进行查询核实，避免了小部分维修人员乱收费的情况。

海尔的这款软件有效地解决了用户的痛点。面对家电产生的小问题，用户省去了联系售后、等待售后的时间，厂家维修人员视频指导，用户可以很快自行解决。一些大毛病，需要上门服务的，用户也不怕乱收费。海尔的这种服务方式值得其他家电企业学习。

解决了售后维修的三大痛点，家电企业就有条件做终身服务了。家电企业在喊出"终身服务"的口号时，就应该意识到已经和用户建立了"契约"。家电企业从一开始的产品卖出、安装调试、售后维修到旧家电回收，都应该始终牢记自己的承诺，对用户实行全程陪伴式服务。

遵守契约法则的服务，是提高企业品牌美誉度的关键因素，虚假的"服务"则是伤害企业品牌的自残性利器，只有重承诺、守契约的企业，才能和用户建立长久的联系。

微笑法则——真诚微笑的本质是差异化服务

海底捞因微笑服务而著名，连雷军都声称："小米是在向同仁堂和海底捞学习。"在过去几年里，海底捞已经成了餐饮界的明星。

海底捞是这样做的：在海底捞的员工手册上，你可能找不到类似于"微笑时要露八颗牙"这样的标准，但在任何一家海底捞的店面里，你都无法拒绝服务人员发自内心的微笑。他们的微笑都发自内心，真诚而不做作。

我和朋友曾去过海底捞一次，刚刚走到门口，就有穿着整洁、脸上带着真诚微笑的服务员过来打招呼，这种笑容感觉就像是家里来了朋友一样。到了大堂，另一位面带微笑的服务员热情地一路引领我们到了一个靠窗的位置。我们也看到了其他服务员都是在面带微笑地热情招呼客人。

因为油烟比较大，火锅店的装修一般来说都是比较简单的。但是海底捞装修得还不错，显得宽敞明亮。同样面带笑容的服务员很快过来问我们要点什么，问我们是不是先来杯红茶或者是一点水果，都是免费的。在点菜的时候，服务员友好地提醒我们菜可以点半份，这样点的种类就能多一点。在整个用餐过程中服务员很热情，光是热毛巾就拿了两三次。

这顿饭吃得很舒心，我们也询问了一下服务员为什么要保持微笑，他回答的是他要快乐地工作，而不是因为工作需要。我终于明白为什么好多人排队去海底捞的原因了。顾客能在海底捞享受到其他地方享受不到的服务，海底捞靠着真诚的微笑和多一点点的服务，带给顾客满意甚至感动。

海底捞火了之后，有一些企业开始模仿海底捞的微笑服务，但是却没有取得太大效果。黄铁鹰先生甚至还写了本书叫《海底捞你学不会》，深度剖析了海底捞成功的原因。事实上很多企业都会要求自己的服务人员面带微笑，快乐工作，但是取得的效果却不尽相同。因为他们只是简单地发出要求，却没有思考微笑服务的本质。微笑的背后没有支撑，是换不来用户的心的。这种真诚微笑的本质是一种差异化的服务。海底捞本身也是靠着这种差异化的服务取得成功的。

好的服务模式是可以借鉴的。家电企业也可以从海底捞中"捞"出一些微笑服务的理念和意识。"微笑无成本"是许多家电企业都明白的道理，企业都会要求自己的服务人员面带微笑。但是要想把微笑服务做好、做到极致，就必须做差异化服务。在家电制造业中，产品同质化严重，信息越来越对称，依靠产品和服务竞争来取得市场优势难上加难。如何寻找产品和服务中的"蓝海"，成为家电企业共同追寻的目标。当家电企业都投入大量的精力和时间去做品牌宣传，品牌差异化就再难以构成竞争力；当新兴渠道成为常用渠道，渠道差异化就会被填平。这时候，服务差异化的威力显示了出来。

家电行业做好差异化服务要做好顾客细分。海底捞为不同的顾客提供不同的服务，比如面对不同的人群，服务员是不一样的。家电企业在电商平台上的销售和实体店的销售中，面对的顾客是有区别的。企业应该细分顾客群体，制定不同的服务方式。无论是电商平台上的消费者还是实体店里的消费者，都是家电企业的命脉所在，所以做好差异化服务的前提，是保证电商平台和实体店里的产品质量是过关的。在电商平台上购买家电产品的大多数是80后、90后的年轻人，所以电商上的客服人员应该更加年轻化、和顾客有共同话题、了解顾客的心理。在产品介绍的时候多介绍个性化、时尚的家电产品，节约消费者时间。在实体店中的客服人员面对的多是另外一个群体，他们喜欢使用功能大于设计的产品。所以客服人员要耐心听他们的功能需求并向他们推荐产品。家电企业切忌简单地把实体店搬上电商平台，因为面对的消费群体实际上是不同的。想要规避"同"的伤害，就必须在服务上有"异"。

家电行业做好差异化服务要注重服务细节。在海底捞，女服务员会为留有长发的顾客扎起头发，并提供小的发夹夹住刘海，防止吃饭的时候头发垂进碗里。还会根据情况发放围裙，避免顾客弄脏衣服。如果你带了小朋友，服务员还可以陪小朋友玩游戏。这些细节是海底捞差异化服务的具体体现，也正是这些细节打动了消费者。家电企业在售后过程中更应该注意细节。因为一些家电体积较大，顾客不易移动，家电企业在安装的时候应该充分考虑到顾客的方便性，在调试的时候要和顾客说明电器的使用方法，并确定顾客能够正常使用。当大的方面所有企业都能做到的时候，注重服务细节就能和其他服务拉开差距，于细节处见真功夫。

家电企业还要注重行业创新，创新引起服务差异。消费者需求是在不断变化的，企业差异化服务要不断地更新换代。家电企业要时刻关注家电产品的更新、渠道的更新、消费者消费理念的改变，从而调整企业的服务策略。不断更新的服务模式，更强调服务的人性化是最大的差异化。

管理大师德鲁克曾说过："顾客就是差异"。所以差异化的服务是家电企业在行业内保持竞争优势的重要途径。家电企业在学习海底捞，学习"微笑服务"的时候，不仅要学习其真诚的微笑，还应该看到其背后的差异化服务。微笑服务谁都学得来，但是微笑背后的互联网差异化思维才是关键。毕竟，再真诚的微笑背后没有优质的差异化的服务的支撑，也不能长久地留住顾客。

第七章

互惠互利：企业与社会共生才能共赢

真实法则——"伪绿色"家电必遭唾弃

"空气是不行的，水是不行的，手机再好又有什么用呢？"这是2014年互联网大会上马云说的一段话。虽说马云说这话有呛声雷军的意思，但是却说出了一个实实在在的问题：人们越来越关注健康环保。

低碳环保、健康节能已经成为消费者越来越关注的话题。中国家电协会副秘书长陈钢说："随着消费者环保理念和健康意识的提高，绿色家电必将成为我国发展的重要方向。"生活水平提升了，消费者对工作环境、生活环境的要求逐渐变化，绿色低碳的生活方式已经不只是少数人的追求，而是成为人们普遍的生活理念。绿色家电已经成为消费者主要选择之一。

家电企业作为资源消耗型的传统企业，一方面要担负起企业的社会责任，注重环境问题和能源问题；另一方面家电企业要想产品有更好的市场前景，必须随着消费者观念的改变而改变产品方向。马云说："下一个中国首富一定是出在健康行业。"家电企业遵守真实法则，踏踏实实做真实、高端、智能的绿色产品，必然会使企业利润大幅上升。

海尔产品在欧洲打开市场，就是绿色家电成功的一个范例。欧洲环保指令之一的"欧盟环保令"是号称全世界最苛刻的环保标准之一，被称为欧洲家电进口的"绿色壁垒"。家电产品要想进入欧洲市场，就必须跨过绿色环保这道壁垒。欧洲国家经济形势整体较好，民众环保意识强，为海尔的绿色产品畅销打下了基础。海尔绿色产品的节能环保，很快得到了欧洲消费者的认可。海尔贯彻"绿色产品、绿色企业、绿色文化"的战略经营模式，在做好绿色产品的基础上，做好优质服务、讲究诚信，很快打开了欧洲市场的缺口，使海尔持续几年盈利大增。

在互联网时代，企业产品追随的就是消费者理念。海尔打破了欧洲市场的壁垒，美的、格力、海信等也纷纷推出绿色产品，加强在欧洲市场的竞争力，为企业争取海外市场。这无疑为家电行业做出了示范。

市场上有高举大旗、奋力前行者，也有浑水摸鱼、捣乱搅局者。绿色家电产品带来的利润，很快吸引了一批家电企业趋之若鹜。绿色家电之风盛行本来是件好事，既为用户节约电费，又能减少能耗，也为商家带来了销量。然而一些企业为了赚取高额利润，不惜鱼目混珠，违背真实法则，以次充好，以假乱真，欺骗消费者。一批"伪绿色家电"打着"绿色环保"的幌子，招摇上市，搅乱了市场。

2014年12月，国家质检总局发布了《关于2014年玩具等39种产品质量国家监督抽查情况的通报》，通报中提到：质检总局抽查了9个省市的89家厂家生产的89批次冰箱，其中不合格产品检出率为13.5%，连续三年上升。所有的不合格产品均存在能源效率等级不达标的问题。能源效率等级不达标就是指电器实际能源消耗等级大于企业所标示的效率等级，有的产品甚至还达不到国家的最低标准就违规上市了。

更可气的是，这些产品也打着绿色产品的名号，普通消费者根本无法分辨。

在这些冰箱产品能源效率不达标的企业中，不乏所谓的名牌厂家。其中的一些厂家还占有一定的市场份额。更令人吃惊的是，在业内，家电产品能源效率不达标，已经是彼此心照不宣的"秘密"了。上海、江苏、陕西、成都等省份近几年来对家电产品的抽查检验结果显示，家电产品的能耗虚标是一个比较常见的问题，生产"伪绿色家电"的厂家不在少数。

为什么家电产品要虚标能耗呢？为什么这些伪绿色家电产品屡禁不止呢？原因在于伪绿色家电能赚取高额利润。同样的冰箱，能耗一级和二级的价格上要相差几百块钱。伪绿色家电只要将等级提升，就能赚取巨额利润。我国出台的家电节能补贴政策对节能也有一定程度的补贴，家电企业只要贴上节能环保的标识，并标注相应的、经自己鉴定的能源等级，就能获得国家的能源补贴。一台冰箱的补贴，有时能达到300多元。那么，有的消费者会问，国家难道不对这些产品进行检验么？国家对这些产品当然是有严格的检测的，但是所谓"上有政策，下有对策"，这些伪绿色产品厂家送去检测的产品批次往往都是合格的，而没有送检的产品中，则有真有假。伪绿色家电屡禁不止也和处罚力度有关，对于这些虚标能耗的伪绿色家电厂家，国家的处罚措施并不严厉。

这些违背真实法则的伪绿色家电直接伤害的是消费者的利益。在日常家电使用中，"伪绿色产品"实际上是不节能的。假如一台同容量同品牌的空调，1级能耗的产品要比2级能耗的产品每月节省3～5元的电费。而且，把消费者蒙在鼓里，侵犯了消费者的知情权。伪绿色家电让很多消费者不仅对节能环保生活失望，还对家电厂家产生不信任感，长久来说这对家电企业是极为不利的。伪绿色家电既不节能也不环保，能效不高，就是对能源的浪费，多排出的废弃物对环境也是一种危害。

张瑞敏说："'在商言商'和企业家的担当这两个问题不能割裂开来，企业永远不可能离开社会，现在一些企业家以在商言商为借口，以牺牲社会环境和社会利益为代价，不仅牺牲了社会利益，自己也不能获得增长。""伪绿色家电"对消费者、对企业、对环境都是一种伤害。家电企业应该清醒地认识到，只为了眼前的蝇头小利而欺骗消费者，是不能获得长久发展的，因为消费者会用钱包投票。

互联网时代，信息不对称逐渐被消除，越来越多的第三方检测机构逐渐出现，消费者很可能会在购买家电前参考第三方检测数据，家电企业的伪绿色必然会触怒消费者。家电企业应该把握消费者理念，通过不断地行业技术革新，把越来越多的更节能、更环保、更人性化的产品推向市场，靠着绿色产品而不是虚假宣传打动消费者。家电企业应努力为消费者提供更多的选择，从而促使消费者升级产品，缩短家电产品使用年限。

当所有的家电都是绿色产品的时候，再考虑联想创始人柳传志的一句话："这个'绿'指的不仅仅是一般的环保的绿，而是一个大绿的概念。就是把商业对社会、对人类的一切贡献，都称为绿。诚信经商，企业可持续发展，国际合作等等，这些都是属于绿的范畴。"

绿，是环保的颜色，也是企业长青的颜色。

公平法则——测评机构改变家电格局

王自如创办的 Zealer 测评公司是一家在评测界颇有影响的第三方评测机构。Zealer 在优酷上发布了几段关于锤子手机的测评视频，其中提到了锤子手机的几个问题，认为锤子"东半球最好的手机"的说法不符合事实，且说罗永浩"认真可以，千万不要任性"。

锤子手机是以"工匠精神"闻名的手机。锤子手机创始人罗永浩认为视频内容有偏颇，且认为 Zealer 的此种行为给锤子手机带来了很大损失。所以罗永浩决定在优酷对质王自如，并进行视频直播，达到"双赢或者单赢"的目的。

这场被网友戏称为"黑龙江刘翔 vs 吉林杜海涛"的辩论，最终以王自如的道歉告一段落。而从这场相声一样精彩的辩论中我们可以看到两个问题：一是第三方测评机构对厂家影响很大，二是第三方测评机构确实存在公信力不足的问题。消费者对一些科技产品的认知能力其实是有限的，一些第三方评测机构的专业讲解和评测能够影响消费者对产品的认知。第三方关于行业产品的排名更是消费者购买产品参考的对象。公平的第三方测评机构能够影响消费者的认知能力和消费行为。

在我国，第三方测评机构刚刚起步，且发展较快，年平均增长率在 20% 左右。目前我国获得 CNAS（中国合格评定国家认可委员会）、CMA（中国计量认证）认可的实验室大约有 2 万余家，但是专业测评家电的第三方评测机构还几乎是空白。

家电产品这几年质量问题频发，市场竞争紊乱。而造成市场不公平竞争的原因主要是执行标准的不具体和第三方测评机构的缺失。

净水器是用来净化水的，让人喝到更卫生的水，提升生活质量。可是现在有些净水器净化出来的水，竟然带有黑色粉末，这样的净水器你敢用么？某次国家质检总局抽检净水器发现，不合格率高达四成，有 13 家企业存在问题，其中不乏一些名牌厂家。更令人称奇的是：当按检测要求把净水器浸泡 24 小时之后，其中一台净水器中的水竟然出现了黑色粉末！消息公布后，社会一片哗然。请看下面一则报告：

记者对多家净水器企业调查后发现，专业实验能力欠缺并非个别现象，大多数企业还停留在感官指标和物理指标的分析上，有的小型企业甚至连水质分析能力都不具备。同时记者发现，与那些具有净水器整体生产能力的大企业相比，更多的企业则是通过外购滤膜、活性炭等净水器核心部件，简单进行组装生产。而那些作坊式净水器组装厂家环境脏乱,工人徒手组装,更谈不上企业生产标准和检验标准,卫生环境和质量把关能力堪忧。而有的企业竟然还未经卫生部门的审批许可擅自生产。

......

在浙江慈溪市,记者对多家净水器生产企业进行了调查。在当地一家规模不小的净水器生产企业记者看到,这家企业专门配备了更衣室、消毒池,卫生要求比较严格。但是相关负责人告诉记者,他们只有一个做水质分析的理化实验室,只能分析水的色度、浊度和肉眼可见物以及总溶解固体含量等物理指标,不能进行金属指标、有机物指标和微生物指标的检测实验。

......

目前我国关于净水器的相关标准有10多个,但是没有一个净水器整机的强制标准,只能依靠相关的家电标准、卫生标准、材料标准以及行业标准来规范生产。由于没有强制标准,各企业的标准也是千差万别,一些小企业不按标准生产,甚至根本不制定企业标准,从采购、生产到出厂检验,都缺乏严格的质量把关,这无疑严重影响着净水器产品的市场声誉。

(节选自中央电视台《每周质量报告》)

一些小企业仅凭一把螺丝刀、一条生产线就敢生产产品。有的企业竟然仅仅依据一个"TDS笔"的数值,就敢武断判定净水器是否合格。检测时对产品质量把关能力太弱,为了节省成本没有建立专业的实验评测机构,是小企业的通病。

消费者在购买产品时无法辨别好坏,标榜着同样功能的净水机,偷工减料的小企业的产品价格低廉,价格昂贵的大企业产品卖不出去,市场的公平被破坏。一些大中型企业眼红小企业的暴利,慢慢也开始偷工减料。净水机的市场彻底紊乱。

　　而国家具体标准的缺失是造成净水机市场不公平竞争的另一个原因。净水机市场兴起时间不长，具体的标准还没来得及制定。而每年的抽检过程中，又很难对产品大范围抽检。这就造成了有些企业"钻空子"，送去检查的产品批次是合格的，而没有检查的产品批次质量良莠不齐。

　　《每周质量报告》的记者了解到的数据表明，2014 年我国净水器的年产量已经突破 3000 万台。也就是说，大约有上千万的消费者可能受到劣质净水器的危害。更可怕的是，不只是净水器企业，其他家电产品企业同样存在问题。

　　国家质检总局发布的报告显示：2014 年室内加热器电子商务产品质量抽查，不合格产品检出率为 30.4%，其中包括深圳市康佳电器有限公司这样的明星企业；2014 年电吹风电子商务产品质量抽查，不合格率为 14.8%，其中包括广东容声电气股份有限公司这样的名牌企业；2014 年第二季度电冰箱产品质量抽查，不合格率为 13.5%；家电产品的质量不合格率普遍很高。而家电产品普及率高，和消费者的安全又密不可分。一些企业产品的质量问题导致家电市场的信誉普遍降低，就连那些产品合格的企业也受到了连累。

　　国家不可能完全检测每个企业的每批次产品，消费者的安全又重于泰山。一些眼光超前的互联网企业已经投资了第三方评测机构，比如 360 收购了鲁大师，金山收购了安兔兔，小米投资了 Zealer 等。可见第三方测评企业的市场前景光明。如果家电企业能够建立专业的第三方评测，对提升企业影响力有不可估量的作用。

　　公平公正、开放透明、专业准确的第三方检测机构，一定会对家电市场的公平竞争、消费者安全起到重要作用，从而影响消费者购买行为，进而改变家电市场格局。

开放法则——把用户请进来，把理念传出去

在小米 4 的发布会上，小米 CEO 雷军许下承诺：我会带媒体朋友们去生产制造它的代工厂看一看。要知道，他说的代工厂指的是富士康，而富士康以前由于商业机密等原因，绝少对媒体开放。

小米联合富士康邀请了约 30 家媒体，开放了廊坊工厂小米手机 4 的部分生产线。包括 SMT 印刷贴片生产线、整机产品组装生产线、金属框冲压锻造车间、金属框镭射切割车间。在参观过程中，富士康相关负责人还站出来为小米发声：我们加班加点赶工，没有饥饿营销。

小米和富士康的这次联合开放工厂体现了互联网思维企业的开放性，就是把产品生产过程摆在公众面前，接受社会监督。许多媒体人参观后都表示小米 4 的生产线科技含量很高，人员配置合理，员工们确实在加班加点赶工，很辛苦。参观者同样注意到了小米 4 的生产过程比较注重质量检测和产品保护。比如小米的质量检测的工序很严谨，员工们都带着橡胶保护手套，避免磨损手机。

小米的开放工厂之举，展现了小米品牌的风范，让消费者对产品更加放心，粉碎了关于饥饿营销、做工粗糙的谣言，宣传了小米"为发烧而生"的理念。

运用互联网思维的企业都具有开放性，不仅仅是要对内部开放，还要对用户开放、对社会开放。接受社会的监督，是对企业负责，对消费者负责。倾听来自消费者的意见，不仅能生产出质量更好的产品，还有利于企业理念的传播。

事实上开放工厂的企业不在少数，除了小米之外，一些食品企业、乳制品企业、汽车制造企业都曾有过开放工厂之举。蒙牛的"绿色蒙牛，幸福畅游"工厂开放活动还加入了公益元素，接受社会监督的同时回馈社会，这次活动让蒙牛"阳光、高尚、责任"等理念传播得更快、更远。伊利的"全年开放工厂"的计划，邀请用户

来伊利工厂参观，了解乳制品制作的全部流程，令企业更透明的同时，也赢得了消费者的信任和尊重。2014 年 12 月 15 日，上海通用汽车首个开放日迎来了 100 位访客，参观者们不仅参观了一直被视为"禁地"的"泛亚汽车技术中心"，还参观了上海通用金桥南厂生产车间，目睹了汽车生产的全部流程。上海通用通过"开放日"平台向消费者传递了"不接受缺陷、不制造缺陷、不传递缺陷"的质量文化理念。

国内一些走在行业前端的家电企业已经开始开放工厂，比如海尔集团的"走进海尔，用户体验行"活动，美的的"开放日"活动，等等。

海尔三十周年系列活动中，有一个活动叫"走进海尔，用户体验行"。该活动于 2014 年 12 月 6 日正式开始，共有 30 名来自全国各地的用户参加。用户涉及各个年龄层，最小的用户仅 5 岁。

参观者们从上午 9：00 开始参观，第一项是了解海尔的文化。从海尔公司成立到海尔公司濒临破产，从首席执行官借钱救厂到张瑞敏抡起大锤砸烂 76 台不合格的冰箱，从荣获中国质量奖到果断转型，从艰难走出国门到成为国际品牌，参观者们清楚地了解了海尔一路走来的艰辛过程，感受到了海尔勇于改变、不断创新的改革理念。

第二项是海尔的新生活展厅，在高科技打造的智慧型公寓里，参观者们可以亲身体验智能家居产品，比如家电智能管控中心、3D 试衣魔镜等。参观者们纷纷感叹科技的神奇。

来自青岛科技大学的学生邢帅在参观完海尔后向记者分享道："过去只有在科幻大片里才能见到这么高大上的实验室，没想到今天在海尔竟然有幸亲身体验了一把。"

张瑞敏总结互联网的三个特征是零距离、去中心化和分布式。开放工厂就是和顾客零距离接触。在听解说员讲解海尔的文化后，参观者了解了海尔始终"以用户需求为中心"的文化理念；在新生活展厅，参观者们最真实地感受到了海尔对技术和产品的不断钻研、不断创新的精神。海尔通过这次"走进海尔，用户体验行"活动，让消费者更加信任海尔，让外界认识到了海尔的文化理念。

美的也有类似的开放日活动，只是美的开放日面对的多是员工家庭成员和在校师生，开放的力度范围还不够大，影响力也不够广泛。美的和小米合作以后，在小米互联网思维影响下，或许会更加开放，更多地和消费者、社会零距离互动。方洪波也表示，美的欢迎社会各界监督批评。

然而在许多行业都竞相开放工厂之际，一些家电企业还抱着过去的旧观念。家电企业对开放工厂还存在一些误区，比如怕人偷看偷学，担心工艺、技术外传等。其实现在社会信息量很大、很杂，许多信息根本无法传递给消费者。企业与其花大量广告费用宣传其产品，不如开放工厂，让消费者自己走进来。百闻不如一见，消费者会相信自己所见到的并如实传播。开放工厂接受监督的过程，本身就是宣传企业文化理念的过程。

在开放和沟通的桥梁下，一方面消费者会通过观察看到企业所做的点滴努力和点滴改变，通过参观和沟通消费者可以更好地了解家电使用和安全知识，维护自己应有的权益；另一方面企业可以更好地承担起应有的责任，也可以把自己的企业文化、企业理念更好地传播出去。家电企业要改变工业思维酒香不怕巷子深的想法，不仅要埋头苦干，还要主动让消费者了解、监督、帮助企业。

透明法则——消灭信息不对称红利

5亿、5亿、8亿，这分别是微信、新浪微博、QQ的用户数，这些数字的背后是无数个可以联系起来的人。社会化媒体正在用越来越高的沟通效率，不断地消除距离。信息的传播的效率和量都发生了质的变化，互联网正逐渐消灭信息不对称的商业模式。商业将全面信息化，这是这十几年来逐渐发生的事。

周鸿祎在《我的互联网方法论》一书中，有过这样的一段论述：

从那个时候（20世纪90年代）开始，中关村就有了"骗子一条街"的称号，但人流从来没有断过，因为它是中国最大的电子器材集散地。虽然你在这里可能会上当受骗，但是你能买到东西。

后来，经过规划，大街拓宽了，高楼大厦出现了。北京的中关村e世界、海龙大厦、鼎好电子商城被业内人士称作电子商贸"金三角"。在2008年的时候，这里还是一片生意兴隆的景象。你到中关村买电脑、买相机、买配件，任何大厦门口都有热情的经理迎接你，你的手里也被塞进各种五颜六色的小广告。但是，一进门，除非你是专家，你的大脑即被这些人控制，你的购买决策也将受到他们的影响。往往你买了之后才发现，花了不少冤枉钱。而且，买之前他们笑脸相迎，买之后他们屁股相对。如果你购买的货出了质量问题，如果你运气不好，不是叫天天不应、叫地地不灵，就是被无限期地拖延，或者是踢皮球。

而且，你没有地方去给他们打差评。

以前的商业模式决定了信息集中在企业手里，产品价格如何，质量如何，消费者掌握得很少。

现在情况发生了变化。当产品越来越多，竞争越来越激烈，消费者们学会了分享，一些网站也开始公开价格。比如淘宝，把产品明码标价放在网上销售，消费者可以按价格从高到低给产品排序，一下子就把靠信息不对称盈利的"中间商"挤压到市场边缘。再比如一淘网，旨在打造网上"一站式的购物搜索引擎"，它把类似淘宝、亚马逊、国美这样的电商二次聚合起来。也就是说，你在一淘网上搜一件产品，它会列出几乎所有主流网站的价格，任你选择。淘宝是一次消灭信息不对称，一淘是二次消灭信息不对称。有了这些电子商务网站，就算是中关村的电脑商家们，也不敢任性地要价了。中关村在线等商务网站的建立，使价格信息进一步透明化。

马云说，很多人从看不见、看不起、看不懂，到最后来不及。商业的本质是有人提供产品和服务，有人使用。那么，商业的本质就可以分为两大环节：供应链和传递链。具体到家电行业上来说，就是企业提供产品供应，逐步传递给用户使用。产品链主要包括厂家、材料商等，传递链原来由线下代理商构成，现在则由电商、代理商共同构成。由于互联网的作用，传递链中的电商把信息透明化加强了。

家电行业知识门槛较高，在信息不透明的时代，消费者很难直接判断出产品价位。家电企业和消费者们曾经隔着层层代理商，代理商们可以根据自己的店面、人力成本制定价格。这些传递渠道可以适当提升价格。而现在，大多数家电企业和消费者之间只隔了一层垂直电商，为了争夺用户，传递链把家电产品价格压得很低。这就直接把家电厂家的利润降了下来。信息不对称红利正在逐渐消失。

面对信息透明化，美的和海尔率先主动放弃信息不对称红利，开始了自己的变革。

美的在电商道路上起步较晚，2014年4月份才成立美的电子商务有限公司。目前线上的销售主要是依靠天猫、京东、苏宁易购三个大的电商平台。但是美的的特色是O2O营销模式，美的计划在线下平台终端设置二维码，消费者可以在线下体验后，扫描二维码，再在网上付款。部分商品的价格线上支付比线下更实惠，同时设置积分功能。美的试图将线下线上结合起来，线下为线上导流，实现电商业务的闭环。

海尔在线上不仅能借助京东、天猫等电商平台，还有自主的海尔商城经营自己的产品。海尔商城采用虚实融合模式，虚网（电商平台）提供资源，实网（线下实体店）

快速送达。海尔商城首推"24小时限时达，超时即免单"服务。消费者下单后，24小时内就可享受集送货上门、调试安装于一体的一站式服务，还可以在满意后再付款。海尔集团拥有自己的物流体系（日日顺），为其提供了不少方便。海尔物流配送网点已覆盖全国2583个地区，其中包括不少三四线城市。

不难看出，美的和海尔的变革集中在线上线下相融合上，旨在自己消灭信息不对称。减少中间环节，削去层层经销商，才能强化对终端的直控能力。电商平台的价格透明，线上线下同价，也是变革重要的组成部分。有的企业可能会有疑问，线上线下同价，线下怎么可能有利润？实际上，在以后的商业模式中，线下是不考虑盈利的。线下将强调消费者体验、为线上导流、提供服务支持，线上产品卖得多了，企业同样能赚钱。

现在互联网已经成为生活中的水和电，互联网就是要让信息变得对称，变得透明化。所以家电企业不要再犹豫不决，应该有涅槃的气魄，如同海尔CEO张瑞敏所言："自杀重生、他杀淘汰。"

家电企业应主动放弃信息不对称带来的红利，找到新的盈利点。家电企业销售模式一定是"终端销售＋服务支持"，这样的模式能最大限度地避免信息不对称红利被消灭后企业的盈利问题。家电企业最终卖的是产品价值和服务价值，只有踏踏实实做产品、做服务，才能更长远地发展。

"联"篇

千丝万缕，万物互联

第八章

移动互联网入口之争

家门口的"野蛮人"

1990年，美国记者布赖恩·伯勒在著作《门口的野蛮人》中用纪实性的写法，再现了华尔街上最著名的公司争夺战——对美国RJR纳贝斯克公司的收购之争，上演了一出充满贪婪、背叛与高风险赌注的华尔街风云。

在这之后，"门口的野蛮人"一词被华尔街用来形容那些不怀好意的收购者。在这本书问世25年后，国内传统家电企业也遇到了"野蛮人"——互联网企业的入侵。

2014年上半年，海信、TCL、创维等传统电视厂商联合国内家用电器市场研究机构中怡康，发布了《2013年中国电视市场占有率报告》，报告显示，电视市场占有率前六分别为创维、海信、TCL、长虹、康佳和海尔，而乐视TV超级电视和小米电视在2013年的销量为30万台和1.8万台，没能进入榜单。

看到这个数据，一些传统企业就认为，2013年由乐视、小米等互联网公司掀起的智能电视大战中它们赚足了用户眼球，但是市场份额上并没有对主流电视的行业格局产生太大的影响。他们想说："姜还是老的辣，你们这些小孩一边玩去吧。"

不仅如此，一些好为人师的家电企业领导者还公开发声：乐视、小米这些互联网公司还需要解决电视制造工艺、内容整合、销售渠道等瓶颈。

面对传统家电企业的自我陶醉，乐视TV的CEO彭刚说："骄傲自大，对创新者的漠视，会让传统厂商付出惨重的代价。"

虽然海信、TCL这些传统电视品牌还在市场占有率上有绝对优势，但互联网品牌对其还是产生了有杀伤力的冲击。比如乐视TV超级电视X60产品6999元和S40产品1999元的价格着实吸引了不少用户。而且在新品发布会后的第二天，乐视网的股价涨至41.11元，总市值达141.84亿元。同时，在乐视超级电视的冲击下，TCL、海信电器等传统电视生产商的股价纷纷下跌。

乐视是国内首个推出自有品牌电视、跨界电视领域的互联网"野蛮人"，在它闯进传统家电行业后，又有爱奇艺、小米、阿里巴巴等互联网企业攻入智能电视市场，让传统彩电的生产商们日子越来越不好过。拿彩电市场来说，2014年中国彩电业30年来首次出现负增长。奥维咨询的数据显示，2014年国内彩电市场的销量大约是4500万台，相比2013年的4779万台下滑了5.6%，而其预测2015年中国全年彩电的销量为4429万台，还会下滑1.8%。由此可见，整个传统电视行业仍在衰落。

面对彩电业的惨淡局面，许多传统电视生产企业并不明白，为什么那么多互联网"野蛮人"还要闯入它们苦心经营几十年的领域？其实，互联网企业除了在硬件方面追逐一些微薄利润外，还有更大的野心。

乔布斯在世时曾提出互联网基因改造、占领电视这"第四块屏"的设想，并预言电视作为客厅娱乐中心，在未来会有巨大的想象空间，地位迅速地改变。中国的互联网企业基于这一设想，纷纷抢占还未被垄断的屏幕，这才动用低价圈用户，制造新概念噱头等各种手段。这些精明的"野蛮人"都是醉翁之意不在酒，意在抢占用户入口。

同电视类似的是，传统家电企业在空调、冰箱和洗衣机等多种家电品类上都遭遇了野蛮人入侵。因为互联网企业在抢占电视这一入口之后，又把争夺入口的目标放在了众多白色家电产品上。不过，他们并没有鲁莽行事，而是主动向传统家电企业示好，提供相关互联网技术，联合发布一些智能家电产品。

比如，奇虎360与奥克斯空调合作推出智能空调，和TCL公司联合推出智能互联网空气净化器"T3空气卫士"；阿里巴巴与格力联合推出物联网智能空调；等等。家电企业面对互联网企业的"投怀送抱"，也不能掉以轻心。毕竟，传统企业缺的主要是软件开发和提供云服务的能力。因此，传统家电企业一定要在"引入外援"后实现各取所需，多学学互联网企业的相关技术优势，而不是不思进取。否则，合作会变成"引狼入室"，最终令自己沦为加工厂，彻底丢了智能家电这一新的入口。

海尔集团的一位高管曾说，从2013年到2014年，就像是经历了一次彻彻底底的洗脑。海尔的高官们连春节都没有回家，围坐在会议室里，加班加点商量着接下来的对策。这种紧张的战斗气氛也出现在海尔的同行中。当然也有例外，有一些无动于衷的家电企业要么决定能混一年是一年，要么决定撒手不干，离开这个哀鸿遍野的战场。

2015年3月11—14日在上海举办的AWE2015（2015年中国家电博览会）上，可以看到各大家电企业纷纷发力智能家居。

AWE现场特设智能家电展和"未来智慧家庭体验馆"。在场馆里，参观者可以看到眼花缭乱的智能产品：智能电视、智能手表、智能眼镜、智能空调、智能洗衣机、智能空气净化器……几乎只要可以想到的家电产品都在纷纷被"智能化"。

经过 2014 年智能家居发展元年的洗礼，各大家电巨头不仅仅发布了相关的智能产品，而且展示了各自的智能家居样板间。比如，美的展出了 M-smart 智慧家居当前取得的成果。其中"美家"这款 APP 吸引了大量关注。这款 APP 可以将至少包括空气家电、厨房电器、水处理设备、家庭安防设备、照明设备等几大部分的产品囊括进其智能家居生态中。

相比之下，格力的智能家居系统更强调健康环保的特点，以整个住宅为平台，利用光伏多联机技术、网络通信技术和自动控制等技术将家居设备集成统一管理。可见，智能家居，改变的不仅仅是家电。

当然，目前许多展出的产品还只是停留在支持 Wi-Fi 联网和支持手机、平板 APP 远程操控阶段，只能算是智能家居发展的初级阶段。这些花样繁多的新产品和新方式只是对现有的手动或红外遥控操作的一个延伸而已。

除此之外，仍有一些中小型的传统家电企业对"智能"这一概念理解不明晰，认为智能只是"用电优化"，它们看不到智能家电竞争的本质是入口之争。显然，那些只是贴上"智能""云"之类标签的产品离真正的入口还很远。中国传统家电企业的老总们若不想在 5 年后被赶出家门，就要积极去抢占入口。

从战略上来看，家电企业要站在互联网入口价值的高度，看待智能家居所带来的产业机会。这不仅仅是发力单一家电产品功能的升级，而是要把各类家电当成天然的数据入口。毕竟，随着互联网相关技术的发展，将家电产品作为入口来采集家居数据，并提供针对性的服务已经成为可能。

智能硬件是一个全新的领域，任何一个新进入者，只要掌握了用户，就能获得新入口的争夺权。那些获得入口价值的企业将会取得长足的发展，而失去入口的企业，将会在这个智能家居时代被边缘化。

关联法则——构建体系化产品组合

当互联网"野蛮人"已经准备发动第二波攻击时，传统家电企业务必得死守家门，不让它们攻进来。在这个紧急关口，死守住门口的传统家电巨头也在苦苦思索退敌良策。那么，家电企业怎样才能提升自己的战斗力呢？

清末启蒙思想家魏源提出了"师夷长技以制夷"的思想，意思是通过学习西方的先进军事技术寻求御侮强国之道。而现在，传统家电企业的最好应对方法是学习那些互联网"野蛮人"的策略，在家门口阻击对手。

互联网企业产品的"长技"在哪里？这是现在许多传统家电企业关心的问题。产品如同人一样，都有一个生长和衰亡的过程。因此，一个企业要想基业长青，必然不能仅仅经营单一的产品。世界上很多大企业经营的产品种类往往惊人，如美国通用电气公司经营的产品多达25万种。不过，并不是产品越多越好，一个企业应该生产哪些产品才能迅速发展？这些产品之间有什么关联？这些都涉及产品组合问题。

下面就聚焦企业的产品组合①，深入剖析互联网企业值得传统家电企业去学习和反思的地方。

（1）宽度：企业的产品线总数

小米算得上目前最值得聚焦的互联网公司之一，它已经形成了MIUI系统、小米手机、米聊、小米网、小米电视和小米路由器等产品系列。在这些产品线中，它们有些是使用相同的生产技术，有些是产品有类似的功能和用户群体，或是属于同

---

① 产品组合：指企业生产或销售的全部产品线的产品项目，包括四个维度：宽度、长度、深度和关联度。

一个价格区间。

传统家电企业大都具备空调生产线、电冰箱生产线和洗衣机生产线等白色家电系列生产线，像海尔这类大型集团还拥有电视、电脑、手机等黑色家电、米色家电系列，乃至小家电、地产、制药等多条生产线。从这一方面来看，传统家电企业的经营范围非常庞大，跨行经营乃至多元化经营的程度也很高。不过，它们现在的这些生产线都合理吗？

从小米产品看小米的成功，我们可以发现它的产品线之间都是紧密相连的；而反观海尔那么庞杂的产品线，它们之间的关联度不大。成立于 1996 年的海尔药业在经营 12 年后易主正大，就是盲目实施多元化战略的一个典型。可是，海尔的其他"小生意"呢？是不是也该把这些"发炎的阑尾"给痛痛快快地割掉？

（2）长度：企业的产品项目总数

我们把产品线中具有不同型号、规格、式样或价格的最基本单位称为产品项目。通常，每一个产品线都包含许多个产品项目。因此，这些产品项目的总数就是产品组合的长度。

同样以小米公司为参照，到目前为止其手机生产线上已经有小米 1、小米 1S、小米青春版、小米 2、小米 2A、小米 2S、小米 3、小米 4 和小米 Note 等多款产品，目的是为了满足不同偏好和价格需求的消费者，以获得更多目标客户。

相比之下，传统家电企业在产品组合长度上有过之而无不及。这一方面是由于互联网企业基本上是新创公司，尽管产品项目推出的速度已经大大超过了传统家电企业，但"瘦死的骆驼比马大"，传统家电企业经过几十年的积累，产品项目的总数令人惊叹；另外一方面，传统家电企业为了竞争、提升市场占有率等多种目的，在短时间内推出了大量相似度极高的产品。

不过，产品组合的长度真的越长越好吗？盲目、过度推出新产品可能会导致许多企业资金紧张，资源浪费严重，甚至拖垮整个公司。下面这个昔日手机霸主诺基亚的案例从侧面体现了这个问题：

几年前，诺基亚中国区的一位高管曾满怀自豪感地说："我们的产品在传统行业中如日中天，主要是我们的市场调查和研发能力强，我们一般一年内会出几十款手机，叫产品线。这些手机定价从五六百元到一两千块再到五六千块，产品线要覆盖。有商务、娱乐、女性等手机，各种各样的细分。每做一款产品线都要有一批研发人员，每一个手机要做到极致，都要配最好的人员，即使这意味着更多研发上的投入。"

如今的诺基亚已经认主微软，正式退出了手机市场。诺基亚的陨落有很大的一部分原因是盲目延长产品组合。今日的新王者苹果就把这件事情颠覆了：在苹果只有一条产品线，每一代也只有简单的 iPhone3、4、4S、5、5C、5S、6、6S 等几款产品。诺基亚失败了，而苹果登顶手机王座。传统家电行业也应以诺基亚为前车之鉴，不要盲目追求速度，推出过多毫无差异化的新产品。

（3）深度：每一个产品的品种数

小米在 2014 年 7 月推出了小米 4 手机，包括移动版和联通版 2 个版本，在内存上又有 16G 和 64G 版本，且在颜色上还有雅黑色和亮白色供用户选择。相较而言，家电企业在这一方面有待改善。拿电冰箱来说，现在绝大多数厂家只是把注意力放在了外观色彩上，而没有从功能和配置上进一步深化，推出简约版、标配版和豪华版之类的产品。

（4）关联度：产品线之间的关联程度

具体而言，这一方面包括各产品线在生产条件、最终用途和分销渠道等方面的相关联程度。小米手机以及周边产品绝大多数都是互联网产品，它们都是为了满足用户在移动互联网时代的新需求而推出的，而且其主要分销渠道是小米的官网，关联程度很高，这也带来了规模效益和范围效益，提高了小米公司在整个行业的声誉。

而传统家电行业呢？海尔相当于现在家电行业的老大哥，其采取的是多元化战略，从电冰箱开始，又进入了白电、黑电，再进入米电、制药业、房地产业、金融业和文化产业等，覆盖面相当广。几十年下来，海尔究竟有哪款产品能让用户最佩服？深入分析，其空调不如格力、电视不如长虹、电脑不如联想、手机基本上没什么知名度……海尔仍是靠过去积累起来的资本来勉强维持着"老大哥"的身份。

从这些现象来看，海尔正走向衰败。那么海尔该怎样从产品组合上做文章，拥有一个同小米这类"野蛮人"抗衡的武器呢？

其实无论是产品组合的长度、宽度还是深度，都是为了关联度服务的。包括海尔在内的传统家电行业，它们比互联网企业弱的就是产品的关联度。比如，海尔有地产这样的"小生意"，过去这一块同家电相关的生产线之间的联系并不大。而现在，随着智能家居时代的到来，地产可以与家电完美结合，形成一个统一整体，有很大改进空间。

此外，过去海尔产品线中黑电和白电、米电之间的关联度并不高，现在可以用一个系统打通这些家电之间的联系，构建一个系统化的产品组合。最终，生产出来的产品能完美关联在一起，覆盖厨房、客厅和卧室等区域，给用户带来一次体验上的革命。随着新一波更换家电热潮的到来，传统家电企业构建体系化产品组合势在必行。

互补法则——端对端联结的最优途径

移动互联时代，层出不穷的智能化产品极大地改变了人们的生活。

当你戴上风靡全球的智能眼镜后，无论走在世界的哪个角落，只要能够连上网络，你能够随时与朋友聊天，看地图查信息，还可以拍照，甚至能够直播现况。

当你戴上智能手环时，就可记录日常生活中的锻炼、睡眠乃至饮食等实时数据，这些数据能够与手机、平板电脑等智能设备同步。甚至，一些新开发的智能手环能够靠用户的手势去随意打开房间里的各种灯。

......

这些都不是设想，而是当下已经发生的事。智能化也已成为传统家电企业不可回避的话题。2014 年是智能家居元年，未来很长一段时间内，智能化产品都将大行其道。当然，从目前的情况来看，智能化仍是一个大趋势，它与当下的产品是不同的。

现在许多家电企业为了赶潮流，满足消费者追求"智能化生活"的目标，一波又一波地推出了智能电视、智能冰箱、智能洗衣机、智能电饭煲、智能空调甚至是智能空气过滤机等一系列的智能家电产品。

面对市面上琳琅满目的智能家电产品，许多不明真相的消费者恍然有了一种"现在已经是智能生活时代"的错觉，而一旦购买使用，才感觉自己"很傻很天真"，那些所谓的智能化产品，大都玩的是噱头，根本就不能实现"智能化生活"。

在这种尴尬的情况背后，是企业简单偷换概念，赚取高附加值利润的需要。现在家电企业推出的智能家电产品基本上都存在下面的问题。

问题一：功能多余，操作不便。

基于这个背景，许多传统家电企业加大投入推出了许多新产品。这些新品都有十几个甚至几十个功能。面对这些眼花缭乱的功能，许多消费者却并不买账。比如，现在炒得火热的智能电视就有这个问题。

2011 年智能电视开始火热起来，并被认为是电视未来的发展方向。智能电视功能非常齐全，几乎拥有了电脑的所有功能，同时还能唱歌、玩游戏。虽然智能电视的操作系统比不上电脑，但在初期对那些追求新鲜的年轻消费群体有很大吸引力。不过，这样一款看似无所不能的产品却面临着先天缺陷：购买智能电视的消费者大都是上班族，当他们购买电视之后很少会自己使用，真正使用电视的大多是家里的老人。可是，面对复杂的操作系统和功能键繁多的遥控器，老人操作起来非常困难。最终造成的情况可能是，连最基本的看电视功能都实现不了。

而另外一款标榜功能强大的微波炉产品，其操作界面上往往也有十几个功能键。大多数用户纷纷反映操作过于复杂，有些用户甚至买了一两年也只用过一个功能：微波加热。智能洗衣机也是如此，用户用得最多的是自动洗衣功能，至于其他所谓的智能功能，几乎从未用过。

用户的这些抱怨和反馈也从侧面反映出当前家电产品功能冗余的情况比较严重，大多数所谓的智能功能都被闲置。对此，国内家电产业（市场）研究专家陆刃波曾说："厂家频推多功能家电，名为高科技创新，满足消费者多元化需求，但大多是打着高科技的幌子谋取暂时的高利润，最终导致产品过度复杂化、同质化。"

当产品的附加功能超出消费者的需求时，多功能就变成多余功能。多余功能不但影响产品使用质量，而且很多功能消费者从购买到淘汰都没有使用过，这就造成资源的严重浪费。同时随着家电产品功能增多，出错率和维修率也会上升，消费者需要支出更多费用。

问题二：功能鸡肋，标准不一。

许多家电产品尤其是智能小家电，它们的功能五花八门：保证米饭营养的电饭煲、可以烤肉的微波炉、实时显示水温的电水壶、促进血液循环的剃须刀等。这些产品的生产企业似乎想把智能产品定义为"以前想不到的功能的集合"。这些功能不仅鸡肋，有时还会更麻烦。

目前市面上这一类概念化的智能家电产品比比皆是，但就目前的产品功能来看，它们离使用简单、功能人性化还差得很远。因此，传统家电企业要清晰地认识到，智能家电才刚刚起步，以后的路还很长，企业要做的不是靠着智能的噱头去推出高附加值的产品，而是要静下心来，向互联网企业取经，研发出真正能让用户进入智能化生活的产品。

互联网介入之后，传统家电企业应该及时转变思维，意识到智能家电的推出并不能解决现阶段的变革转型问题。未来家电产品都能够联结到互联网，变成一个网络化的组合，它们不再仅仅解决用户冷藏、制冷、洗衣等单一需求，而是提供一种智能化的生活方式。

为了实现这种由功能型到服务型的转变，传统企业不光要在这些单一的入口上下足功夫，制造出智能化的产品，还需要将这些智能产品通过一个系统联结起来。

2014年12月12日，海尔集团举行发布会，推出了一款智能温度控制器——海尔星盒（Dream Box）。

该产品并没有复杂的操作和令人眼花缭乱的功能，但它就像是一位善解人意的智能管家，通过七天的学习功能，掌握用户的作息和生活习惯，将用户从原先频繁的家电调试工作中解放出来。

更具特色的是，海尔星盒有宝宝关爱功能，能智能地控制空调、空气净化器等白色家电，为宝宝提供一个更健康舒适的居家环境。除了直接在星盒上控制之外，它还能通过Wi-Fi联结到网络，与专门的智能手机上的APP进行适配，从而实现远程温度控制。

对于技术控来说，星盒不仅是环境健康贴身管家，还是智能家庭的联结中心。值得海尔这个传统家电企业骄傲的是，该产品是业界首个基于白电入口的联结中心。而原先互联网企业生产出来的产品，都是联结黑电入口的。海尔高调推出星盒，意在真正以智能化家居平台的身份，开启一场始于白电的家居智能革命。

也许海尔星盒的推出还不能赢得这场智能硬件入口之争的胜利，但是它能起到一个管道的作用，将电视、冰箱、洗衣机和空调等海尔系的产品联结起来，并且取得了不错的效果。为什么海尔能在短时间内将原先单一的智能家电产品联结起来？我们不妨看看海尔 2015 年的几条新动态：

3 月 11 日，以"智慧生活，颠覆体验"为主题的海尔智慧生活战略发布会在上海举办；

3 月 12 日，海尔在其全球供应商大会上公布了海尔工业 4.0 战略，成为国内首家把工业 4.0 上升到战略层面的企业；

AWE2015 上，海尔发布了涉及七大智慧生态圈的"网器"产品，实现了多品类、全方位的智能家居体验；

……

从海尔这些动态中可以看出，海尔正在积极拥抱互联网，实现智能家居的转型升级。正如马云所说，没有传统的企业，只有传统的思维。海尔取得的这些成果，是与阿里巴巴、苹果和腾讯等互联网公司合作的结果。这种方式不仅可以在短时间内改善自身的软肋，还能加速双方的战略推进，这是一种共赢。

当然，一些传统家电企业也会存在隐忧。四川长虹的一位内部人士表示："如果控制不好，最惨的就是沦为制造商。如果合作不好，就相当于制造都归我们，服务和应用等后期模式都给了别人，我们就变成了单纯的加工厂。"因此，传统家电企业能否同互联网企业实现互补，迅速搭建管道，获得双赢的效果，仍需要两者不断磨合和试验。

第九章

需求 3.0：创造需求

进化法则——从功能需求到情感需求

对于网络时代，有人称之为"她"时代；也有人说，现在的人变得越来越矫情，越来越"娘"。其实，不管是"她"还是"娘"，这些词，其实都是在说这个社会更加感性了。

十几年前，中国商界传奇人物史玉柱推出了家喻户晓的广告："今年过节不收礼，收礼只收脑白金"。这则广告成了中国广告史上的一个传奇，而巨人集团的保健品也迅速占领该市场的主要份额，让当年失意的史玉柱东山再起。

相比之下，当年保健品行业的三株、太阳神和红桃 K 等强调功能的保健品却一蹶不振，日渐式微。史玉柱比这些昔日保健品行业王者高明的一点是，他并不过多宣传产品的功能，而是在营销中大量加入接地气的生活元素，让消费者从情感上认同产品。

史玉柱是一个商业奇才，他将那些只以满足消费者功能需求为目标的保健品企业远远抛在身后，开启了一个保健品行业的新时代。从脑白金的事例可以看出，在这个感性的时代，消费者对产品的关注点发生了极大变化。他们不再死死盯住产品宣传上令人眼花缭乱的功能介绍，而是希望产品能满足情感需求。

面对这种变化，企业在产品的生产过程中越来越注重感性元素，越来越讲求情感化设计。带来的改变是，新一代的品牌产品都追求更多的感性元素，如颜色、形状、形象、味道、手感……

在这种大趋势下，家电企业的新产品亦是如此。随着技术的互联互通，家电企业的技术门槛越来越低。打个比方，今天海尔推出一款采用某种高端技术研发的空调，明天美的、格力这样的竞争对手就能推出有同样功能的新品。正因为如此，如今家电产品在功能上往往大同小异，产品同质化现象严重，加之消费者的关注点也发生了很大变化，因此，许多家电企业纷纷将提升产品竞争力的方向放在感性设计上。

过去的家电产品大多是以单一的黑色、白色为主，甚至黑色家电、白色家电成了家电的分类方式。在人们的印象中，电视机、游戏机、照相机、音响这些属于黑电的产品都是黑色的；而空调、洗衣机、电冰箱这些属于白电的产品自然而然就是白色的。这种分类在一定程度上限制了家电产品的外形设计，千篇一律的黑色和白色也让消费者产生了审美疲劳。

相比之下，现在许多新兴的电子设备都不再是以黑色、白色为主，而是有彩色系列，有多种不同的单色或混搭色供用户选择。当下的主流消费者以年轻人为主，他们对人对事都表现出感性化的色彩，多彩的颜色能够迎合他们的不同喜好，给予他们不同的情感满足。

基于这个背景，家电企业在转型和创新时，也应该在产品功能之外，将一些满足用户情感需求的元素融入产品设计之中。只有能够使用户在使用产品的过程中获得一定情感上的满足，产品才能真正获得持久的竞争力。

关于情感化产品的设计，美国认知心理学家唐纳德·诺曼（Donald Norman）早在 2002 年就提出了产品设计的"情感化"理念。随着体验经济时代的来临，满足用户的情感需求已经成了顺应当前时代产品设计趋势的重点。从心理学的角度分析，情感属于人格的核心，产品真正的价值在于满足人们的情感需求。据唐纳德·诺曼的相关理论，家电产品的设计可参考下面的流程（仅设计层面）。

流程一：产品准备期

家电企业在推出新品之前，可向用户（个人用户、家庭用户和企业用户）进行线上或线下的调查，调查的内容包括用户的行为习惯、用户对于产品的功能需求、产品使用环境等。通过这一步骤可以将体验介入产品预期设计中，制造出"I 型机"。

流程二：产品模拟期

按照预期设计出产品模型，企业可以经由相应的渠道，把这部分产品分派给忠实"粉丝"进行体验，借这部分人的体验获得相应的使用数据，接下来进行分析、反思，以将"粉丝"用户设想的模型置入体验模型，从而形成"II 型机"的设计构想。

流程三：产品定型期

在"II 型机"构想确定后，经由企业的专业设计人员进行产品设计指导，做出"III 型机"的模型，并在完整性、流畅性和适宜性等方面进行量产的可行性评估，最后推出最终产品。

体验良好的产品大都满足了用户的情感化需求。它们在设计之初就跳出了满足用户功能需求的怪圈，将主要的注意力转移到了满足用户的情感需求上，并在设计的过程中将情感融入产品中，从而使用户获得愉悦的使用体验。

总之，家电企业一方面应不再设计那些功能繁多、使用复杂的产品，避免"功能多"变成"功能多余"；另一方面，应顺应体验经济时代的趋势，进行产品设计时多花些心思在满足用户情感需求上，由"I型机"到"II型机"，最后将"III型机"推向市场，见下图。

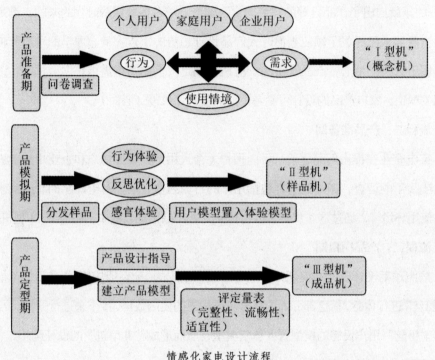

情感化家电设计流程

精益法则——用大数据实现按需生产

近几年来，包括传统企业在内的公司领导者都对大数据的应用非常重视。而百度、小米这样的互联网公司更是大规模地使用大数据或者相关数据分析解决方案。

"大数据"这一概念早在1980年就被阿尔文·托夫勒形容为"第三次浪潮的华彩乐章"。哈佛大学社会学教授加里·金曾说："这是一场革命，庞大的数据资源使得各个领域开始了量化进程，无论学术界、商界还是政府，所有领域都将开始这种进程。"2009 年，美国互联网数据中心指出，互联网上的数据每年将增长 50%，每两年将会翻一番，目前世界上 90% 的数据是最近几年才产生的。这一数据显示了大数据^① 时代的到来。

对于中国来说，在过去的 2014 年里，大数据对家电产业的渗透加速。而在全国"两会"上，"互联网 +"战略首次被纳入国家经济顶层设计，也为家电行业指明了 2015 年的产业变革和发展的方向——家电行业将会在大数据的运用上日新月异，其与互联网行业的资本、技术等的合作将会越来越频繁而紧密。当大数据这股撬动传统家电行业转型升级的新力量不断增长时，家电互联网将与我们如今身处的大数据时代紧密相连。

最近几年，有一部政治题材的美国电视连续剧非常火——《纸牌屋》（House of Cards）。该电视剧基于同名小说创作改编，由 Netflix（一家在线影片租赁提供商）原创自制。

与传统的电视剧不同的是，这部电视剧可以说是用大数据"算"出来的，包含了 3000 万用户的收视选择、400 万条评论、300 万条主题搜索。最终，拍什么、谁来拍、谁来演、怎么播，均由数千万观众的喜好统计决定。比如，Netflix 经过大数据分析发现，那些喜欢看 BBC 老版《纸牌屋》的用户，大多喜欢大卫·芬奇导演或凯文·史派西主演的电视剧，于是马上请来了大卫·芬奇执导，凯文·史派西做主演。

结果，《纸牌屋》播出后不久就引起了收视狂潮，来自世界各地的观众都在社交媒体上讨论着这部电视剧。

一部《纸牌屋》，让大众意识到了大数据的力量。它的高收视率，与其收集和分析数据，总结出观众的收视习惯，并根据对用户喜好的精准分析进行创作有密切的关系。如今，社交媒体的发展让企业和个人留在网络上的数据越来越多，大数据

---

① 大数据：需要新处理模式才能具有更强的决策力、洞察发现力和流程优化能力的海量、高增长率和多样化的信息资产（由"大数据"研究机构 Gartner 给出）。

的恰当运用能让企业按需生产出用户喜爱的产品。

国内电影圈也在广泛谈论大数据的应用。比如 2014 年 7 月份，《小时代》导演郭敬明在接受《南方周末》的采访中，就介绍了他是如何分析粉丝数据的：

我会关心我电影的话题讨论度、百度指数、相关搜索量，还有各个网站的点击排行。也会购买一些普通数据，比如受众的年龄、性别、教育背景、地域分布，以及第几天票房最高、为什么第二天票房没那么高、一天里哪个时段票房最高。这些数字我们每周都会整理、对比。

数据大到一定数量，你就能看出大家喜欢什么，不喜欢什么，比如谁出场得到的尖叫声最多，哪个镜头被讨论得最多，你就知道原来观众喜欢这个。

比如被大家诟病的名牌服装，粉丝们反倒喜欢。大家抱怨女孩子之间卿卿我我的戏太多，好像很无聊，反倒是令女性观众最感动的，比如《小时代Ⅰ》，她们在天台上喝醉酒，其实是大家最喜欢的。在后面的电影里，你就会把观众喜欢的部分保留下来，再拼命强化它，不喜欢的部分你就去改掉它。[①]

在大数据的运用上，与传统家电企业的生产经营相关的是，现在家电行业都在大幅度提升自身的大数据分析能力，以满足企业精益生产的需求，让科学技术与经营生产完美结合。这带来的改变是，企业对于大数据相关技术的依赖性越来越强。

索尼公司的前会长出井伸之在解释索尼衰落的根本原因时，曾这样说："新一代基于互联网 DNA 企业的核心能力在于利用新模式和新技术更加贴近消费者、深刻理解需求、高效分析信息并做出预判，所有传统的产品公司沦为这种新型用户平台级公司的附庸，其衰落不是管理能扭转的。互联网的魅力就是'the power of low end'。"[②]

---

① 季星、喻冬宇、孙玉彤：《[第 N 代导演]"老跟被人比没什么意思"：导演郭敬明和他的"大数据"》，2014-07-17，http://www.infzm.com/content/102383。

② 赵大伟主编：《互联网思维——独孤九剑》，机械工业出版社 2014 年版，第 162 页。

从出井伸之的这段话可以看出，他认为传统家电企业衰落是因为很难贴近消费者并理解他们的真实需求。同时，他也感慨互联网公司的强项恰恰是传统企业的不足。过去家电企业或自建电商平台，或与电商合作，利用互联网平台销售产品。但绝大多数家电企业都只是认为多了互联网这个销售渠道而已，而没有对电商上面销售的产品进行大数据分析。虽然在表面上，线上线下销售的产品并不一致，但是这只是为了解决线上线下不同价的问题。现在若将用户的信息和偏好数据集中起来分析，就会发现两者有明显差异：线上的用户大都是熟悉网购，追求生活品质的年轻消费群体；线下的消费者则主要是注重功能和易用性的中老年用户。对比用户群体的差异，家电企业大可在线上线下产品的投放上大做文章，利用大数据满足个性化需求。

具体而言，传统家电企业要想嫁接互联网 DNA，挖掘和利用大数据，实现按需生产，可以从以下三个方面着手。

第一，渠道优化。

企业通过收集和分析数据，根据目标用户的互联网信息痕迹进行渠道营销效果的优化。具体来说，就是找到用户在互联网上的行为轨迹，找出顾客来源最多的渠道、转化率最高的渠道、实际购买量最大的渠道、精准度最高的渠道等信息，从而调整产品资源在各个渠道的投放比例。

比如，某汽车制造企业就利用大数据对客户来源进行追踪，来改进产品资源在门户网站、搜索引擎、微博和微信等网络渠道的投放。此举对其产品资源进行了优化配置，避免了浪费。

第二，获取精准消费信息。

现在消费者线上的浏览和搜索行为都会被记录下来，线下的购买以及查看等行为也可以被 POS 机和视频监控记录，再加上他们过去购买家电产品和注册过程中留下的身份信息等，这些都成为大数据的重要内容。

家电企业可以通过收集海量的消费者信息，利用大数据建模相关技术，按照用户的属性（地区、性别、民族、年龄、教育程度、收入水平）和购买行为、兴趣等维度，分析出可行的产品品类以及各地区的投放比例。

第三，线上线下协同。

家电企业可以将消费者在互联网上的行为痕迹数据与实际的线下购买数据打通，实现线上数据与线下生产相协同。比如，企业的工作人员可以通过网上的订单线索，通过电话、短信和微博、微信等方式进行回访互动，然后再根据用户的实际需求进行按需生产。企业以大数据分析作为支持，通过这一流程的工作，可以打通横跨线上线下的闭环生产通路。

总之，大数据将全面改变未来人们的生活状态。而移动互联网时代的传统家电企业在网民和碎片化媒体的刺激下，要充分利用大数据为用户实现按需生产。除此之外，要注意的是，按需生产不仅要解决数量问题，还要满足用户的个性化需求。只有做到了这些，企业才能通过差异化的产品赢得市场。

潜意识法则——挖掘人性需求的本质是潜意识

消费者行为和动机研究大师厄尼斯特·迪希特在美国象牙牌香皂的广告策划中，曾指点广告公司："人们沐浴不仅仅是把身体洗干净，还是一种摆脱心理束缚的仪式。"于是，他根据文化人类学和弗洛伊德的相关理论，提出了广告设计的思路：洗澡是一种仪式，你洗的不仅是污垢，还有罪过。最后，他亲自操刀，为象牙牌香皂做了下面的广告宣传语：

用象牙牌香皂洗去一切困扰，使自己洁净清醒。

这条广告中，迪希特不仅提到了香皂的功能，更为重要的是，他从满足人们的潜意识① 需求着眼，因而获得了极大成功。对于潜意识的研究，贡献最大者当推著名心理学家西格蒙德·弗洛伊德。他认为，潜意识是一种意识不到的心理过程。在这种理论的支撑下，消费者通常察觉不到自己的购买动机，因为真正的动机隐藏在他们的内心深处（无意识层）。

美国的有关资料表明，消费者 72% 的购买行为是受朦胧欲望所支配的，只有 28% 的购买行为是受显性需求② 制约的。可见，在消费者的购买行为背后，潜在需求发挥的作用更大。

当史玉柱通过脑白金这样的产品，将保健品行业从功能需求提升到情感需求时，也从侧面反映出当前所处的是感性时代。在这个时代，许多企业都意识到了感性元素的重要性，大家都开始争先恐后地推出满足用户情感需求的产品。然而十多年过去了，互联网思维来袭也让用户和社会增加了对于人性的关注，需求 2.0 时代有开始蔓延至 3.0 时代的趋势。

在 2014 年 11 月召开的世界互联网大会上，小米公司 CEO 雷军在接受记者采访时曾说出一句惊人之语——"未来手机是人的一部分，就是人的亲密伴侣，也许有人会和手机结婚。"同时他认为，手机必然是温情脉脉的，而非冷冰冰的东西。雷军把小米手机人格化，让产品不再是冷冰冰的机器，而是用户的朋友、家人或伴侣。显然，成功后的小米脱离了过去以功能需求为特征的需求 1.0 时代和以情感需求为特征的需求 2.0 时代，正致力于迈向一个以潜意识挖掘人性的需求 3.0 时代。

对于这一方面的认知，现在很多互联网企业显然走在了前面。当谷歌在开发无人驾驶汽车时，不是去单纯解决四个轮子的代步问题，而是想生产出一款可以解决

---

① 潜意识：心理学术语，是指在人类心理活动中不能认知或没有认知到的部分，是人们"已经发生但并未达到意识状态的心理活动过程"。

② 显性需求：指消费者意识到并有能力且准备购买某种物品或服务的有效需求。

代驾甚至交通拥堵问题的新产品。同样，谷歌推出的眼镜也不只是一款眼镜，而是用户生活的小助手，甚至能通过内置的摄像头，帮助盲人"复明"。这些互联网产品大多挖掘了用户的潜意识，了解到他们内心深处的需求，是非常人性化的产品。

就目前来看，传统家电企业与互联网企业最大的差距在于理念。既然互联网企业有了这么多变化，而且大都风光无限，传统家电企业也应该及时转变思维，生产出更加人性化的家电产品。

因此，传统家电行业应致力于生产出抓住人们潜意识需求的产品。在这种思路下，单纯去制造一个家电就显得没有意义。正如一位海尔空调的企划人员曾说："当用户要去买一个空调时，从表面看他需要的是空调，但实际上他真正的需求是一个舒适的温度，我们要做的就是为他提供适宜温度的解决方案。"同理，用户不是需要一台洗衣机，而是需要一个清洗东西的工具；用户不是需要一台冰箱，而是一个实现冷藏保鲜需求的产品。

当有人问："世界上最小的洗衣机有多小？"

大多数人面对这个问题，脑海中可能会浮现微波炉、电视机大小的参照物。2015 年 3 月 18 日，海尔集团在官方微博宣布在国内推出首款超迷你洗衣机 Coton，售价在 300 元以内。

这款外形像水杯、与一把剃须刀差不多大小的新产品完全颠覆了人们对洗衣机的固有认知，消费者甚至可以将它放在口袋里随身携带。Coton 属于海尔旗下 AQUA品牌的超迷你洗衣机产品，这款型号为 HCW-HW1 的新产品能够去除衣物上小面积的油渍、酒渍等，普通洗衣机要么难以重点处理，要么是"高射炮打蚊子"——明明可以局部处理的问题却需要清洗整件衣服才能解决，这样既不节能环保，又浪费时间。

据了解，海尔 HCW-HW1 洗衣机高 17.6 厘米，直径为 4.6 厘米，重量仅为 200 克。它不用插电，只需要装入三节 7 号电池就可以正常工作。同其他洗衣机不同的是，它并没有类似于洗衣桶的衣物容器，而是采用"挤压洗"的洗涤模式：机器启动后，用户只需要先将吸油纸铺在衣物的污渍部分背面，然后在污渍部分涂上液体洗涤剂，接下来将海尔 HCW-HW1 对着污渍部分一边喷水一边拍洗。当洗涤剂覆盖污渍并转移到吸油纸上，衣物上的污渍也就完全去除了，变得干干净净。

海尔推出的这款 HCW-HW1 被称为迷你型洗衣机，实际上是一台"局部清洗器"。用户需要的不是一台洗衣机，而是一部能够解决局部清洗问题，又节能环保、省时省力的机器。当海尔的研发人员找到用户这种潜意识需求，进一步挖掘出针对局部清洗的"挤压洗"洗涤方式研发产品，必然会获得市场认可。

这给其他家电企业带来的启示是，不要再停留在原有产品的外观功能上，也不要奢求高端的技术会让消费者产生强烈的购买需求，而是去挖掘用户的潜意识，生产出用户真正需要的家电产品。显然，这样的产品能满足人性需求。

移动互联网时代，家电产品变成了消费者人性需求的重要延伸。因此，家电企业要为了核心的需求和人性去打造产品，而不是为了一个噱头去做产品。

工业 4.0 的本质是智能化解决需求

俗话说，巧妇难为无米之炊。当传统家电企业将重心偏移到用户的需求上时，也不能忘了解决制造业自身的需求。否则，不管对于用户情感需求和人性需求的把握有多么精准，设计出来的产品有多么完美，也无法实现快速生产。

对于这个问题，家电企业把寻求解决之道的目光投向了传统工业强国——德国。2014 年夏天，当全世界的焦点都集中在世界杯上时，有"德意志战车"之称的德国队自然万众瞩目。在绿茵场之外，这个国家在"工业 4.0"上的探索也同样引起了巨大关注。

此前，人类已经历了三次工业革命：蒸汽机革命、电气化革命、信息化革命。每一次革命都是人类历史进程的一大进步，而工业 4.0 更是如此，它开启了一个利用基于信息物理融合系统的智能化来促进产业变革的新时代。

如今，德国和美国的许多制造企业都踏上了"工业互联网"的征程。它们意图将物联网及服务全面引入制造业，利用互联网等通信网络将企业内外所有流程和服务联结起来，建立起一个高度灵活的个性化和数字化的产品与服务的生产模式，通过"智能生产"实现"智能工厂"的转变。

在国内政策的推动下，许多家电企业开始变更战略，将"工业 4.0"作为企业未来 5 到 10 年的长期规划。不过，就目前的情况来看，国内企业对于工业 4.0 的认识并不全面，将重心全部放在生产自动化上。比如，2014 年 7 月 25 日，美的集团总裁助理王金亮表示，到 2015 年，美的在"机器人换人"方面的投入将超过 10 亿元；创维也在 2014 年开始"机器换人"计划……

此外，一些像格兰仕这样的家电企业已经成为"机器换人"计划的先行者，它们从日本和意大利等国家定制专门设计的自动化设备，借此来提高生产效率。格兰仕的洗碗机本部部长吴达坤还对生产洗碗机的自动化设备算了一笔账：过去格兰仕洗碗机的报废率在 5‰，而在使用自动化设备后，报废率降为 2‰。同时，机器人还具有省电和环保等优势，基本上在 2 年内就可以收回成本。

其实，这是国内包括家电企业在内的制造业进行工业 4.0 进程的一个普遍误区。这些提出工业 4.0 转型的企业都有一个共性：着力于用自动化机器来替代工人，朝着"无人工厂"的设想努力。但是智能工厂并不等同于"无人工厂"，后者只是实现"智能生产"的一种途径而已。所以说，这一切还只是开始。因此，"机器换人"计划只是工业 4.0 的冰山一角，要想实现智能生产，仅仅靠自动化设备是肯定行不通的。我们不妨看看国外的制造企业是如何推进工业 4.0 的：

被誉为德国"工业 4.0"模范工厂的西门子安贝格电子制造厂正是未来德国工业的一个缩影。

这座位于巴伐利亚州东北小镇上的工厂其貌不扬，只有三座外观简朴的厂房，但却拥有欧洲最先进的数字化生产平台。工厂主要生产 PLC（可编程逻辑控制器）和其他工业自动化产品，在整个生产过程中，无论元件、半成品还是待交付的产品，均有各自的编码，在电路板安装上生产线之后，可全程自动确定每道工序；生产的每个流程，包括焊接、装配或物流包装等，一切过程中的数据都记录在案可供追溯；更重要的是，在一条流水线上，可通过预先设置控制程序，自动装配不同元件，流水生产出各具特性的产品。

由于产品与机器之间进行了通信，整个生产过程都为实现 IT 控制进行了优化，生产效率因此大大提高：只有不到 1/4 的工作量需要人工处理，主要是数据检测和记录；工厂每年生产元件 30 亿个，每秒钟可生产出 1 个产品，产能较数字化前提高了 8 倍，而由于对所有元件及工序进行实时监测和处理，工厂可做到 24 小时为客户供货。此外，由于实时监测并分析质量数据，次品率大大降低。[①]

德国博世、西门子和蒂森克虏伯的专家都提到：

工业 4.0 的核心是联结，要把设备、生产线、工厂、供应商、产品和用户紧密地联系在一起。工业 4.0 适应了万物互联的发展趋势，将无处不在的传感器、嵌入式终端系统、智能控制系统、通信设施通过信息物理系统（CPS）连成一个智能网络，使产品与生产设备之间、不同的生产设备之间以及数字世界和物理世界之间能够互联，使机器、工作部件、系统以及人类通过网络持续地保持数字信息的交流。[②]

具体来说，包括家电行业在内的制造业要想通过智能生产转型成智能工厂，最终实现工业 4.0 的梦想，需要实现下面三个互联。

（1）生产设备之间的互联

单机智能设备不断普及是电气化革命过渡到信息化革命的重要标志。当各种单机设备智能化水平不断提升并被广泛推广时，工业 4.0 的轮轴刚开始启动。它的核心是单机智能设备互相联结，形成一个智能化的生产线，进而互联组成智能车间，最终互联组成智能工厂。与电气化时代的工厂不同的是，这些智能工厂可以组成一个功能强大的智能制造系统，其内部各个组成部分均能自由、动态组合，可满足不同变化的制造需求。

（2）设备与产品的互联

2014 年 4 月 6 日，德国总理默克尔在汉诺威工业博览会的开幕仪式上表示，工业 4.0 意味着智能工厂可以自行运转，机器和零件可以进行交流通信，使得产品能够"知道"自己的制造时间、处理参数和接下来的归宿等信息。

（3）现实和虚拟的互联

---

① 史文哲：《近观德国"工业 4.0"》，http://finance.qq.com/a/20141219/002525.htm，2014-21-19。
② 信息来源：中国电子信息产业发展研究院。

工业 4.0 的核心是信息物理系统（CPS）[①]，当 CPS 系统建成后，资源、信息、物体以及人都能紧密联系在一起，原先的生产工厂转变成智能工厂，达到智能生产的水平，实现生产过程的自诊断、自适应、自感知、自决策、自修复。

德国博世集团董事会副主席 Siegfried Dais 博士曾这样描述实现三个互联后的场景："所有进入生产环节的物体都可以准确地说出'我是哪个零部件，最终产品是哪件，客户是谁'。"

家电企业作为制造业的一个重要代表，如今在愈加严峻的形势下，走进工业 4.0 时代不失为一个好的出路。从上面的内容也可以看出，工业 4.0 比工业 3.0 更为先进的是，它更关注信息的交流，这好比未来右手不仅可以知道左手在干什么，还能随时准确地知道左手需要什么，并配合左手，保证能及时拿到。

其实这一切，无非都是通过智能化来解决需求。这里的"需求"范围更广泛，包括人、物、资源、信息等方方面面的需求。总而言之：实现互联，创造需求。

2015 年全国"两会"期间，国务院总理李克强在政府工作报告中提出实施"中国制造 2025"，意在加快从制造大国转向制造强国的步伐。而工信部同工程院正在制订《中国制造业发展纲要（2015—2025）》，被外界称为"中国版工业 4.0 规划"。可想而知，对于家电行业来说，这是一个巨大的转型契机。2015 年 3 月 12 日，海尔集团率先在其全球供应商大会上公布了"海尔工业 4.0"战略，成为首个将工业 4.0 提升至公司战略的大型家电企业。随着海尔这一战略的发布，预计在不久的将来，美的、格力等家电巨头也会紧随其后，发布相关的工业 4.0 战略。届时，家电行业的工业 4.0 能否实现整体变革，就能有一个明确的答案。

[①] CPS：通过将物理设备联结到互联网上，让物理设备具有计算、通信、控制、远程协调和自治等五大功能，从而实现虚拟世界和现实世界的融合。

第十章

组织再造："团组化"管理创新

自驱力法则——从"齿轮"到"发动机"的变形

2014 年 4 月，中国教父级企业家柳传志接受了凤凰卫视《总裁在线》节目的专访。专访中，他特别提到了在纪念联想成立三十周年之际，给全体联想人发出的一封内部邮件。

这封邮件里，他提出了著名的"发动机文化"和"齿轮文化"，并且大力倡导全体员工要做企业的小发动机和小小发动机，而不是做一个齿轮。

过去，大多数企业都推行"齿轮文化"，希望员工都办事严谨，严格按照上级的指令办事，如同一个齿轮一样，在发动机的推动下转动；而现在一些互联网公司的员工自己能产生动力，并且在执行过程中带动周围人，把自己当成 CEO，具有强烈的主人翁意识。

这必然是一个动态的过程，其背后涉及一个驱动力的问题——员工若是齿轮，那它是靠公司驱动的；若是发动机，即便它的功率很小，也能带动自身或小团体向前推进。

联想是个人电脑市场全球最大的生产商，在 PC 市场可谓是呼风唤雨，但在移动业务领域，其生产的手机至今没有太大的发展。为此，联想还以 29 亿美元左右的价格收购了谷歌的摩托罗拉移动智能手机业务，意图有所突破。不过，如日中天的小米似乎并没有给它这个机会。2014 年 10 月 30 日，小米超过联想集团，成为继苹果、三星之后的全球第三大智能手机制造商。

正是由于联想多元化战略在智能手机制造领域遭遇竞争者的激烈围堵，才不得不让"教父"柳传志出来喊话，希望员工在思维和行动上都要与时俱进，不要只把职业目标设定为齿轮，而是要当小发动机，为企业整体提供更多的动力，以应对越来越险恶的外部商业环境。

联想的困境也是目前大多数黑、白家电企业所面对的，而以小米为代表的互联网企业正从手机、电视、冰箱、洗衣机等多个产品领域强势进入家电业，从而加剧行业内的竞争。互联网企业有一个优势：它们大都推行发动机文化。

在问及小米成功的原因时，雷军曾谈到"在正确的时间选择正确的人做正确的事"。小米成立之初，雷军把公司的方向战略想清楚后，花费了大量的时间去找人。这之前，雷军找人的"功力"就非常高深。

欢聚时代（YY）是"雷军系"众多项目中的一个。2008—2009 年，YY 有一段高速成长期，其用户量在一年之内增长了 20 多倍，可是公司的团队建设非常薄弱，无法满足大用户量和高速增长带来的挑战。于是 YY 董事会找来雷军做了所谓的执行董事长，雷军挂上这个头衔后就去找人。一年时间内，他找来了原来在微软、金山和谷歌等互联网公司工作过的高手。2010 年，雷军自己开始做小米。不过这一年时间里，他基本上是在"玩儿"，直到 2010 年的 8 月 16 日才出了首个 MIUI 内测版，以后来 MIUI 每周更新一次的速度来看，的确非常缓慢。

究其原因，雷军那段时间都在琢磨团队和人的事情。他后来回忆称："2010 年的 10 个月里面我其实很痛苦，有一次和一个人谈了 5 天，每天都谈 10 个小时以上，但还是没有说服对方加入。"

正是凭着"找正确的人"的执着，雷军找到了优秀的人，一旦开动起来，发展的速度就像是坐上了火箭。雷军的这种找人方式符合当前大多数互联网企业信奉的精益创业（lean startup）：他找的人都是那种自驱动的人，基本上不用去管他们，因为这些加入的人都对小米项目非常感兴趣，他们甚至不用雷军说话，就像打了鸡血一样工作。

现在很多人认为小米的成功靠的是资本、营销，其实小米在起步阶段就比联想这样的传统企业有优势。雷军意在创建一个近乎完美的公司：没有森严的等级，每一名员工都是平等的，每一位同事都是自己的伙伴；崇尚创新、快速的互联网文化；拒绝冗长的会议和流程，在轻松的伙伴式工作氛围中发挥自己的创意。

正是凭着这些同传统管理理论相悖的方式，雷军精挑细选了许多公司的骨干人员，并不断强调员工具备自驱力的重要性，想要把每一名员工都打造成一台动力十足的发动机。这也是小米目前有 7500 名员工，却比许多员工多达数万人甚至十几万人的传统家电企业更有冲劲的原因。

白色家电的领军企业海尔集团也意识到了这个问题。在中国的企业家中，张瑞敏同柳传志一样都是教父级的人物，这与他们都打造了一个世界级的企业有关。如果说柳传志是中国企业家的标杆，那么张瑞敏就是旗帜。之所以是旗帜，是因为张瑞敏在管理上有极强的洞见，并且有魄力去拿海尔不断试验。

几年前，张瑞敏就把注意力放在了如何提高员工的自驱力上。有一次，他研读《驱动力》一书后，随即在海尔内部发表了文章——《谈谈自驱力》。以下是张瑞敏《谈谈自驱力》的讲话实录（部分）：

美国的一本畅销书《驱动力》，它里面的观点可能对我们大家有一定的启迪。这本书去年被评为亚马逊最畅销书 50 强。

《驱动力》这本书的副标题是"关于激励的真相"，它把激励也分为 1.0，2.0，3.0，激励 1.0 假定人类是为了生存而奋斗。也就是说如果我不去工作，我就没有饭吃，没有衣穿，这是迫于生存的压力；激励 2.0 则假定人类还会对其环境中的奖惩做出反应。激励 1.0 和 2.0 都是他驱动，是外部激励。我们现在需要升级到激励 3.0，激励 3.0 是内在激励，自我驱动。其动力来自于为了让世界变得更好而不断地去学习和创造。具备了这种自驱力就会达到更高的境界。

荷兰哲学家斯宾诺莎有一句名言："如果你不想，会找一个借口，如果你想做，会找一个方法。"因此，企业激发员工的自驱力非常关键，如果企业的员工没有足够强的自驱力，必然会甘于做企业的齿轮，而不去想着做发动机。

事实上，这样的员工在传统企业大有人在，包括相当一部分企业的中高层员工。张瑞敏认为，传统的企业是一个紧密的耦合结构[①]。紧耦合结构严格按照规则排列，一环扣一环，一旦某一环节出现问题，就会像多米诺骨牌一样，整体垮塌。因此，互联网时代的企业结构，应当像小米一样，是一个松耦合结构，里面有许多小的创业团队（小发动机），团队的成员（小小发动机）均能够为团队和企业提供更高的发展动力。

扁平法则——把员工做大，把企业做小

2011 年 11 月 1 日，被誉为"经营之圣"的稻盛和夫来到海尔集团参观访问。稻

---

① 耦合结构：这里指企业各项业务模块之间存在紧密配合与相互影响的架构。

盛和夫的名声除了来自创办了两家世界 500 强企业——京瓷和 KDDI 并挽救了日航外，他提出的阿米巴经营 ① 模式更是被无数企业管理者所追捧和效仿。

在这次会面中，张瑞敏对稻盛和夫说："如果我们早一点接触阿米巴，接触稻盛和夫的经营哲学，我们的自主经济体或许会少走不少弯路。"

海尔称得上是中国家电的巨头，在互联网时代的背景下，它也在积极转型，谋求新的生产经营模式来维持企业的稳步快速发展。而张瑞敏本人也以敢想敢做著称，他有很大的魄力去把自己研究出来的模式迅速用于企业的实际运营中。也正因为此，海尔在移动互联网浪潮来袭之前，已经从阿米巴经营模式中悟出了自主经营体这一创新的企业方式。

2013 年 12 月，张瑞敏在海尔集团与阿里巴巴集团战略合作发布会期间有过这样一段讲话：

我们不再想把海尔做成一个企业，而是变成一个创业的平台。我们现在正在做的，就是把这个企业过去的模式彻底颠覆掉，海尔这个平台上可能会有很多小企业，他们成为自主经营体，每个自主经营体和其他组织联合，变成一个利益共同体。

显然，张瑞敏对于互联网时代下的企业经营模式有着自己独到的见解。他想借助平台的力量，把一些有能力的员工"提拔"出来，让他们带项目创业，成为海尔平台下的小企业。与稻盛和夫的阿米巴经营类似的是，自主经营体的方向也是强化员工的自驱力，使人人都是经营者。

而在公司的内部管理上，过去的大企业基本上都是采用科层制 ② 的管理方式。科层制是由"组织理论之父"马克斯·韦伯提出来的，该套管理体制从第二次工业革

---

① 阿米巴经营：基于牢固的经营哲学和精细的部门独立核算管理，将企业划分为"小集体"。
② 科层制：指的是一种权力依职能和职位进行分工和分层，以规则为管理主体的组织体系和管理方式。

命至今已有 100 多年的历史，仍在被无数企业沿用。然而，在移动互联网时代，原来被称为最佳组织形式的科层制，开始慢慢显现出它的弊端。

科层制反应缓慢、缺乏创新的缺点被互联网时代放大。比如：科层制企业中，每一个部门只对一个方面负责；在同一个部门中，员工只对上级负责。从这种意义上说，员工甚至不需要关注谁是公司的 CEO，因为与他们利益攸关的是自己的直接上级。除此之外，过去大多数公司把员工当成完成工作的工具，意图实现"对事不对人"，而现在是感性时代，员工不希望自己被剥离了情感去工作。

当前是一个强调开放、互联互通的时代，许多实施科层制的公司都发现，跨部门间的沟通与合作变得越来越困难。人们都在追求个性和创新，而工业时代的科层制看起来冷冰冰的，更为机械化。过去西方的管理学中要求企业员工到 CEO 的汇报层级不能超过五级，否则会出现管理方面的问题。但到了现在，声势浩大的互联网企业显然更为精简。比如，小米公司的组织架构只有三层：创始人＋合伙人，核心主管，一般员工。这种方式并不是科层制的正三角模式，而是一个倒三角组织架构，它同海尔目前的组织形式类似，见下图。

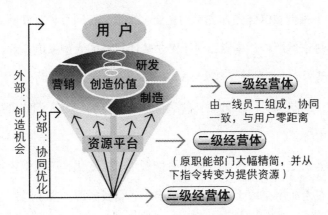

传统的"正三角"结构与海尔的"倒三角"结构

　　可见，小米和海尔的组织结构都是"倒三角"结构，数量最多的员工能够与用户近距离沟通，核心主管充当内部支持流程，管理者在倒三角的底部。

　　上页图中未显示出来的是，"正三角"结构中的层级非常多，而"倒三角"结构的层级一般都比较少，容易被"压缩"成扁平状的组织形式。这种形式更为灵活，基层员工与 CEO 之间的层级减少了，拥有一定的自主经营权。这种结构非常适合移动互联网时代下快速沟通、快速反应的业务需求和管理需求。

　　除了这种形式外，还有另外一种扁平化形式。以腾讯公司为例，从员工到CEO 的汇报层次最短的有 6 级，甚至还有更长的，这已经超过了前面提到的 5 个层级。那么是不是说明科层制还是有用武之地？实则不然。腾讯有几万名员工，如果不多划分部门层次，根本就管理不了那么多员工。不过虽然按照层次化管理，但在具体的业务沟通中，经常通过跨级的沟通来解决问题：一起微信交流、一起开会。这样一来，原本较为复杂的组织形式也在业务沟通中被打破了。总结来说，像海尔自主经营体这样的类阿米巴管理方式改变了过去科层制的一些弊端，让组织最大限度地扁平化。

　　然而，对于张瑞敏这样先知先觉的企业家来说，在同行和互联网跨界者的冲击下，目前的形势依然严峻。毕竟，对于海尔集团这样的大型家电企业，过去的管理理念已经根深蒂固，要想最终实现大象转身、集体转型，没有巧劲，只有一步步地来。张瑞敏对于目前的状况有一个妙喻："鸡蛋从外面打破只是人们的食物，但从内部打破就是新的生命。"

　　这句话的意思是，一个传统企业是否能跟上时代变化，不在于它对新技术新方法懂多少，而在于是不是敢于从内部冲破自己，自我颠覆。鉴于当前企业与客户的距离被无限度拉近，家电企业在变革转型的过程中可以将客户作为组织变化的外在冲击力。正如张瑞敏所言："员工的去留在小微经济体，小微需要就留，不需要就离开。原来的金字塔压扁了，员工没有领导了，过去听上级的，现在听用户的。"

为了走出大企业转型难的困境，2013年家电企业长虹与宽带资本合作发起了创投基金，首期注资2.5亿元，鼓励员工在公司的内部形成一个个自主经营体，创办小公司。同时，为了鼓励和支持这些内部创业项目，长虹现有的生产、研发、测试、原材料采购等平台，甚至是服务和销售平台，都对处于前期测试的项目开放和共享。

2013年9月12日，王海鹏成为创投基金的第一位受益人。当天他提交的百库项目商业计划顺利通过了长虹创投基金的评审。如今，他的创业项目已经注册成"百库科技有限责任公司"，成为长虹最当红的创业明星之一。作为长虹9万名员工中的普通一员，王海鹏以前怎么也没想到自己也能当老板。

在王海鹏之后，又有许多员工自发拉拢同事，招兵买马，开发一些新的创业项目。一年之后，长虹的创业项目孵化池中积累了19个项目。长虹公司总经理刘体斌在长虹创新大会上直言："谁搞得出东西，谁就是长虹9万人的大爷。"当然，据长虹方面透露，一旦这些小公司成功了，长虹有优先权把它们买回来。

通过这种方式，长虹一方面帮助员工做大，让他们积极开发新项目，成为创业公司的老板；另一方面，长虹把自身定位成大平台，为内部小企业提供各种资源的支持，把企业做小。这种做法同海尔的自主经营体有异曲同工之妙。

有了海尔、长虹这些先行者的实践，由此我们可以大胆预测，中国的家电企业要想在这场互联网思维的冲击中转型升级，对于组织的再造不可或缺，而实施扁平法则，"把员工做大，把企业做小"不失为一个行之有效的良方。

协同法则——以打造"利益共同体"为考核方向

企业就算实现了扁平化的组织转型，面对为数众多的自主经营体，该怎样才能让它们目标协同，共同为了企业的整体利益和长远发展服务呢？这也是家电企业在组织转型过程中必然要面对的一个问题。

也许有人会问，把企业当成一个自主经营体的集合体，用一个平台或生态圈的形式囊括在内，缺资源补资源，不就行了吗？在武侠小说《倚天屠龙记》中，六大门派围攻光明顶时，因为分属不同的门派，每个门派都有自己的如意算盘，以至于围攻时还是一个门派一个门派上前较量，最终因为张无忌的介入而失败。而在《射雕英雄传》里，全真七子每个人单独出手是打不过黄药师的，但他们组成"天罡北斗阵"时，却能和黄药师打成平手。这两者的区别很明显：自主经营体需要协同，才能形成合力，壮大企业的实力，否则就可能会成为企业的寄生虫，每天想着从企业平台中获得更多资源。

为了避免出现这种情况，家电企业如何保证自主经营体的目标协同非常重要。具体说来，主要可以从以下几方面努力。

第一，从串联转为并联。

过去企业的每一个员工、领导、部门都在追求利益最大化。正因为这个原因，部门、员工之间经常会有各种各样的摩擦和矛盾。传统的方式是，出现问题后由上一级的领导出面协调。而现在实行扁平化管理后，许多中层领导都没有了，那么出了问题如何去解决？

第四章已经提到，互联网时代强调用户为王，如今中层领导没有了，解决矛盾的"领导"成了用户和市场。比如，过去家电企业推出一个新产品，需要经历下页图中的这样一个基本流程。

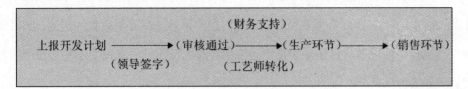

传统家电企业推出新产品流程

在这一过程中，很容易出现问题。首先在产品计划书阶段，万一遇到领导对该计划产品不满，乃至对上呈计划书的部门或个人不满时，这个计划书就很难通过；其次，就算通过审核后，还需要由工艺师把计划书转化成可生产的产品。这一研发过程中需要耗费许多财力，能否获得快速、充足的资金支持，又得仰仗公司财务部门的支持；最后，终于把产品生产出来了，推向市场还得靠销售部门的配合。

可想而知，在过去实施科层制管理体制的家电企业，要想推出一个销量不错的新产品是多么不容易。而现在公司的各个部门都成为自主经营体，它们若发现某个产品类型在市场上有发展前景，就会联合起来，成为一个利益共同体。这样一来，只要最后获得了利润，大家都可以受益。所以说，过去的部门之间是串联关系，各自为政；现在家电企业应当把这些部门当成自主经营体，转化为并联关系，大家有利同享，有责同担。

第二，改变考核方式。

过去的考核是层级的、分部门的，而现在这样的考核方式也变得不合时宜起来。一方面是因为过去家电企业在电商上发力不足，尤其在"买用分离"[①]的现象背后，有着小城市和农村地区网购的送货条件差的现实：很多偏远地区的县、乡镇、村不送货、送货时间严重超时或需要自取，导致这部分群体的用户体验非常差。

----

① 买用分离：指现在很多年轻人在城市工作，他们一般都是从网上买家电产品给在老家生活的父母。

针对这种情况，家电企业在扁平化的组织状态下，可以考虑让用户来直接考核。比如海尔集团早在 2011 年就在海尔商城上对用户承诺"24 小时内按约送达，超时免单"。海尔之所以敢这样承诺，是因为海尔在过去几年里一直致力于完善自己线下的物流和服务体系。

在这之前，包括海尔在内的许多家电企业也有一些相关的内部规则，比如货物没按时送到要扣分等。但是，这种做法效果不佳。而现在通过这样的方式，让支持这一流程的渠道、物流和服务体系都绷紧了神经，铆足了劲保证按时送达。否则，大家都得受罚。

另外，过去企业一般考核的是硬性的销售业绩和利润，主要体现在直接面向市场的销售部门，与研发部、财务部等其他部门联系不大。而现在，企业可以把考核的目标转向对产品、客户、用户等项目群体的经营状况。

海尔按价值大小把产品、员工、零售商等分为 A、B、C、D 四类，按照其内部说法是"温度计"。顾名思义，A、B 类的员工业绩最为出色、A、B 类的产品利润高，A、B 类的零售商拥有最优质的产品资源。

而海尔的做法符合马太效应[①]，企业的管理者希望获得更多的 A、B 类员工，然后这些员工会获得更多的 A、B 类产品和 A、B 类零售商资源。而对应到研发人员上时，研发人员要为 C、D 类产品负责；C、D 类销售人员只有努力把自己负责的 C、D 类零售商经营成 A、B 类，才会有更多的收入。

通过这种方式的调整，无论是研发人员还是销售人员，都非常有动力去为了更多的收入去努力研发出 A、B 类的产品，负责更多的 A、B 类零售商。最终，A、B 类的员工、A、B 类的零售商都能获得企业后台提供的更好的支持。

---

① 马太效应：出自《圣经》中《新约·马太福音》第 25 章，指的越好、坏的越坏、多的越多、少的越少的一种现象。

家电企业在实施扁平化管理的过程中，为了保证每一个自主经营体都有极强的驱动力，可参照海尔的一些做法。当每一个员工、每一个自主经营体都互相协同时，整个企业才能始终保持活力，实现基业长青。

"网"篇

帷幄之中，千里之外

第十一章

用颠覆的手法做市场

反"二八"法则——得长尾者得天下

一直以来，无论是在工作中还是生活中，"二八法则"[①]早已深入人心，几乎成为企业的日常行事准则。在"二八法则"的引导下，企业通常会理所当然地认为，80%的利润来自于20%的项目。

于是，他们把大部分的资源都用在了少数的大客户上。然而随着企业竞争日益加剧，一旦失去大客户，企业的利润将会大幅度缩水。面对这种不容乐观的现状，许多企业都在艰难的摸索中寻求出路。

互联网公司的兴起，让一种新兴的商业模式开始流行开来，长尾（the Long Tail）理论被广泛提及。它最早是由《连线》杂志主编克里斯·安德森在《长尾理论》一书中提出。在他看来，面对一个不存在货架空间限制和其他供应瓶颈的时代，文

---

① 二八法则：又称80/20定律、帕累托法则（定律），也叫巴莱特定律、最省力的法则、不平衡原则等，被广泛应用于社会学及企业管理学等领域。

化和经济的重心将会迅速转移，具有未来潜力的产品不在传统需求曲线的头部，而在需求曲线的尾部。他认为，互联网以及与其相关的无穷选择正在改变我们的世界。谁能利用这一点，明天的市场就属于谁。[①]

Google 是知名的互联网公司，安德森将其称为一个最典型的"长尾"公司。在Google 推出广告业务之前，有数以百万计的小企业和个人从来都没打过或者大规模打过广告。因为它们实在太小，广告商们有固定的大客户养着，根本不屑于为这部分客户服务。甚至，在当时人们的潜意识里，小企业和个人没有打广告的必要和资质。

面对这样一片无人关注的巨大蓝海，Google 及时抓住了这一商机，推出了"Google Adwords"（Google 关键词广告），采用按点击量收取费用的定价模式。在这一项目一经推出，就有大量中小企业同 Google 合作。这是因为，只有当有网友点击企业的广告时，企业才需要付费，这有利于企业控制成本。

除了"Google Adwords"外，Google 还成立了"Google AdSense"（ Google 网站联盟）。该联盟主要通过让各种规模的网站发布商为他们的网站展示与内容相关的 Google 广告来获取收入，这又使得中小企业与中小网站合作在一起。

Google 通过这两个广告业务，成功将数以百万计的中小企业纳入自身的客户群体。这些客户形成了一个长尾广告市场。

试想，若是 Google 当年仍旧固守"二八法则"，将重心放在同其他广告商争夺大客户上，必然不会有今天的成就。在中国，许多互联网公司在追求盈利时，也运用了长尾理论。比如，盛大游戏早期有一款游戏叫作《传奇》，当时主要靠卖游戏点卡获得收入。玩家玩《传奇》一个小时，盛大要收取 0.29 元，这个价格看起来很低，许多普通的网民都能接受。

---

① 克里斯·安德森：《长尾理论》，中信出版社 2006 年版。

积少成多，这个价格虽然不高，但按照当时平均在线玩家 100 万人来计算就相当可观。按照这样的价格，盛大 24 小时光从游戏点卡上就能获得 600 多万元的收益。所以现在许多互联网公司一开始都是不惜血本大量撒钱，吸引大量优质的用户资源。只有用钱圈来的用户组成的经济体足够长时，它们才会考虑如何获得利润。

互联网企业的这种玩法对家电企业产生了很大冲击。当传统家电企业看到互联网产品打着低价甚至免费的牌子冲进来时，开始有点不知所措，既慑于互联网企业雄心万丈的气势，又看不懂它们的玩法。其实，家电企业只需要抓住互联网公司玩法背后的本质，即从原先服务大客户的资源中抽离一部分，将目光放在长尾人群上。互联网可以将过去那部分被边缘化的非主流人群变成主流人群，让那些数量繁多的小众产品变成长尾产品。

在中国当下的语境中，"长尾人群"被另外一个很流行的名词"屌丝"所取代。如今的"屌丝"不再是专指一个人"穷、丑、挫"，而是成为一种社会上普遍的自嘲现象。根据进一步的调查，自称"屌丝"的人从 60 后到 90 后都有，但主要是 80 后的年轻人，占比达 80% 以上，其次是一部分 70 后和 90 后。随着时间的推移，自称"屌丝"的人会发展到"85 后到 95 后"这一群体。

大多数家电产品都是普通消费品，一般老百姓都能够买得起。未来一段时间内，这部分数量庞大的"屌丝"群体将会成为家电产品的主流消费者，他们的需求在很大程度上决定了未来的产品方向。因此，传统家电企业在研发了新产品，做市场定位的时候，不要只盯着"高大上"的优质客户，而是要把更高的关注度放在"屌丝"这一互联网时代最大的消费群体上。

然而，就目前各大家电企业推出的智能家电，尤其是智能白色家电产品来看，它们瞄准的仍是富裕家庭，兼顾一部分小康家庭。虽说"屌丝"可能也买得起，但必须要"大出血"，毕竟它们不是普通人的"标配"。看看现在那些被贴上高科技含量标签的智能空调、智能冰箱、智能小家电，甚至是动辄超过百万元的整体智能厨电系列，显然它们不是普通人所能消费得起的。

可见，目前家电企业对于主推的智能家电产品的消费群体定位仍然不明确，掺杂了过去许多传统的消费需求理论，寄希望于那些高端的消费群体。这样，智能家电还是卖给富裕人群使用，这就违背了"长尾理论"，也不符合互联网时代用户的需求特征。

总之，传统家电企业要从"二八法则"中脱离出来，真正抓住长尾人群——"屌丝"的需求。毕竟这部分人数量庞大，聚合起来的消费能力惊人。正所谓，得"屌丝"者得天下。

逆向法则——跳出"家电下乡"的陷阱

从 2009 年 2 月 1 日起，由国家财政部、商务部、工业和信息化部三部委联合在全国范围内正式推广"家电下乡"[①] 政策。在政策的推动下，国内中标的家电企业纷纷开发、生产出适合农村地区消费特点的家电产品。同时农民在购买家电下乡产品后，可以获得国家的补贴，有利于拉动农民消费。

这一举措扩大了内需，同时也在广大农村地区普及了家电，使家电行业进入了第二个高速发展期。根据数据显示，截至 2012 年 10 月底，全国累计销售家电下乡产品 2.83 亿台，实现销售额 6811 亿元。海尔集团、格力集团和海信集团位列家电下乡销售额前三，分别为 211.1 亿元、150.4 亿元和 146.5 亿元，合计占 2012 年前 10 个月家电下乡产品销售总额的 29%。[②]

---

① 家电下乡政策：对农民购买纳入补贴范围的家电产品给予一定比例 (13%) 的财政补贴。
② 数据来源：商务部流通发展司。

然而，到了 2013 年 1 月 31 日，为期四年的家电下乡政策全面结束。失去政策优势的家电行业增速放缓，尤其是农村市场开始迅速萎缩。而小米、乐视、360 等互联网公司纷纷进军家电行业，生产出大量价廉物美的新产品。面对这些品牌的强烈冲击，传统家电企业的感觉就像是刚从政策优惠的"温室"里走了出来，发现外面已经是寒冷的冬天。一大批互联网企业跨界家电行业，意图从这一传统市场分一杯羹。

在这种严峻的现状下，一些中小家电企业受不了这么大的压力，短暂挣扎后就宣告破产。这些企业原本利润就不高，与海尔、美的、格力这样的大企业相比，无论是在价格、渠道还是产品功能上都没有任何优势。而且这不是个别家电企业的问题，而是行业通病。"家电下乡"政策只是延缓了这部分处于临界点企业的死亡时间而已。

由此可见，家电下乡政策对家电企业来说是一把名副其实的"双刃剑"：过去许多企业依靠政策，获得了很大的市场反响，提高了销量和知名度；而政策退出后，公司的经营业绩就急转直下。许多中小家电企业纷纷出现了资金紧张、停产等现象。一家三线城市的家电企业高管曾说："过去几年内，许多企业都是躺在"家电下乡"政策的温床中发展起来的。但是问题是企业管理者对于战略品牌定位是粗放的，对于研发和市场的投入也比较少。"

2014 年 7 月底，由宁波慈溪余氏家族控股的三家企业——宁波宝洁电器有限公司、宁波单鹤电器有限公司、宁波波特兰电器有限公司同时宣布破产重组。

这则消息为宁波慈溪数百家冰箱和洗衣机制造企业敲响了警钟。这部分企业主要以"贴牌""加工组装"为主业，缺乏竞争力，在过去均是依靠"家电下乡"政策发展起来的。如今随着全国范围内家电产品需求下滑，它们已经走到了发展尽头。

在几年前，宁波宝洁电器依靠政策在全国部分地区的农村市场非常知名，其主打产品"波特兰"冰箱和洗衣机，全线产品均中标家电下乡产品。然而几年过去了，此前的"家电下乡"政策并未能让宁波宝洁电器成功转型，反而身陷困局。

知情人表示："整个宁波慈溪的冰箱和洗衣机工厂，就是中国农村市场上山寨冰洗产品的生产大车间，各类山寨甚至假冒中外大品牌的冰洗产品，都可以在慈溪找到。更重要的是，不少慈溪冰洗工厂就只图赚短钱、快钱，根本不去考虑，也不会投入资金去建立渠道、塑造品牌。当年的家电下乡政策拯救了他们，现在政策退出，他们也走到了死胡同。"①

目前，受"家电下乡"政策退出影响的家电企业，绝不只是宁波慈溪的家电企业，包括四川重庆、安徽等地的三四线品牌，均面临着同样的考验。

可见，"家电下乡"政策的取消，令一些过去存在的问题开始凸显，新问题也层出不穷。一个突出的问题是，价格补贴的缺失和农村市场饱和率的进一步增加，使得需求在一定程度上受到了抑制。面对这样的现状，许多家电企业似乎对农村市场失去了信心，开始将市场重心重新放回了城市。

其实，随着城乡二元制结构的逐渐消融，农村市场远未达到饱和水平。同时，经过几年的使用，加之农村地区整体生活水平的提高，原先那部分家电下乡的产品面临着更新换代。如果家电企业能够把握住这样一个契机，就可以迅速占领农村市场，提高销售量。从这个角度看，"家电下乡"之后，农村市场前景依旧广阔。

此外，尽管海尔等大品牌利用家电下乡，建立起了完整的市场渠道（如海尔日日顺物流），但农村物流渠道的不畅通仍是制约三、四级市场发展的主要障碍。因此，家电企业要想成为农村市场的霸主，物流渠道是重中之重。

对于知名家电品牌来说，要发挥原有网点的数量优势，并结合相关数据，科学布局各个农村网点的供货量。至于那些三、四线品牌，则完全没必要去和一线品牌竞争，盲目扩点。它们可以集中有限资源投入到最需要改进的物流领域，选择几个

① 资料来源：http://info.homea.hc360.com/2014/07/2914111009040.shtml，有删改。

重点网点做强做精，以增加辐射范围。同时小品牌之间可以联合起来，选择几个有代表性的区域建立联合物流中心，这也不失为一条捷径。

2015年3月中旬，当家电行业的盛会——AWE2015落下帷幕时，大多数家电制造商和渠道商除了在大谈特谈"智能化""智能家居"之外，"农村""下沉"也是出现频次最多的词语。这些企业纷纷扎堆农村市场或许与2014年的销售压力有关。虽然在2015年，仍有许多不利的因素阻碍着家电行业从"家电下乡"后的困境里脱身，但是随着城镇化进程的加速推进，农村的消费潜力将会得到进一步释放，这或许是家电行业一个新的"春天"。

2015年农村家电市场，注定不会太平静。

中性法则——未来家电不是非黑即白

在过去，黑色家电和白色家电区分明显，从色彩上看，黑色家电基本上都是黑色的；而白色家电就是白色的。互联网时代的到来，白色家电和黑色家电的界限将会慢慢消失，逐渐归为一个整体的智能家居体系。在这一趋势下，近年来国内家电企业动作频频，走上一条"黑白通吃"的道路。说到这里，可能有人会问："那些大中型家电企业在许多年前就有了黑电产品和白电产品的生产线，能够同时生产多种黑白电产品。这样的企业，不就是没有黑白界限的企业吗？"

实则不然。过去的家电企业虽然有多条黑、白家电生产线，但它们都是相互独立的，生产出来的产品既不能形成一个体系化的组合，又不能由一个系统将它们联结起来。黑电就是黑电，白电就是白电，泾渭分明。

由于互联网无边界、智能化的特性，家电企业也开始意识到过去家电产品黑白分明的时代即将过去，很快就要迎来一个"中性家电"时代。要想实现这一革命性的转变，家电智能化是一条必要捷径。

在这之中，黑色家电智能化的起步更早。以往只要提到"智能"这一概念，人们就会想到电脑、手机等电子产品。这些"信息家电"的一个标志就是拥有智能化的操作平台，并能在搭载该平台的基础上延伸出很多应用。随着安卓平台为代表的智能电视（Smart TV）的兴起，康佳、创维、TCL 等电视机厂商开始采用安卓平台推出自己的智能电视产品；国外的三星则是自建平台 Smart Hub；苹果也推出了 Apple TV。

随着"三网融合"加剧，电视作为传统家庭影音娱乐中心，可能升级成为"智能家庭"的中心。比如，通过 HDMI 和 USB 接口，手机、电视和电脑可以互相联结；智能电视机通过联结光纤网络，可以直接浏览网页。三星、LG 等厂商早在几年前就发布了可以与电视联结的手机和平板电脑，这些产品既可以充当电视机的遥控器，又可以将电视机融合在一起，享受大屏的视觉体验。

从黑色家电的性质和特点来看，这类产品先天具有智能化的优势。电视等黑色家电属于给人们提供娱乐的家电产品，其智能化最直接的意义是让使用者玩得更开心。而冰箱、洗衣机、空调等白色家电则是减轻人们劳动强度、提高生活质量的家电产品，这样的产品智能化，会真正让人们的生活质量提高一个档次。因此，白色家电智能化比黑电智能化意义更重大，也更复杂。

不过相比之下，白色家电的智能化步伐要慢一些。很多年前就出现了智能冰箱的概念，但是推出来的产品大都价格昂贵，交互性不强，操作流畅度不高。更有一些家电企业挂羊头卖狗肉，把智能化的概念作为噱头，推出的产品除了新添一些鸡肋功能外，毫无新意。

而在移动互联网时代，家电企业显然也在看到黑电智能化领域的巨大市场后，开始将目标转向了智能化的白电产品。而且比原先黑电智能化更进一步的是，这些家电企业在推行智能化白电的同时，也将原先的智能化黑电联通起来，以打造一个智能化的家居环境。

长虹电器总经理、美菱集团董事长刘体斌认为，智能化是家电行业未来发展的外在趋势，"有人说是小米发起了中国黑电智能化的变革，作为白电智能化的发起者，我们非常希望有越来越多的同行、企业认识到家庭互联网革命带给行业的是一个千载难逢的机会，我们更希望有越来越多的同行跟我们一起努力推动白电行业智能化的迅猛发展"。

下面将列出一些国内知名家电企业在 2014 年至 2015 年上半年关于家电智能化方面的动作，供读者进一步了解。

·长虹集团——新三坐标战略推动家庭互联网概念落地

长虹集团通过新三坐标（智能化、网络化和协同化），提出了基于家庭环境下，以人为中心的互联、互通和互控。2014 年，长虹相继问世了 CHiQ 电视、CHiQ 冰箱、CHiQ 空调以及 CHiQ 厨电等产品线。

2015 年 3 月 26 日，2015 春季长虹 CHiQ 二代产品发布会在四川绵阳市举行，发布了 CHiQ 二代产品。

·海尔集团——智慧家居战略落地

海尔集团早在 2012 年就推出了智慧家居战略，即 U-home 技术创新平台。2014 年 12 月 12 日，海尔推出智能路由器——海尔星盒。该产品就是智能家居的联结中心，目前已实现对海尔家用空调、空气净化器、智能灯光音响等设备的联结，未来还将实现跨品牌智控。

除此之外，海尔还推出了朗度交互式冰箱、宣称永不过时的模卡（MOOKA）智能电视、涵盖"空调、净化器和加湿器"的空气魔盒等 U+ 智慧生活平台上的产品。

2015 年 3 月 11 日，海尔以"全球引领，颠覆体验"为主题，在上海召开了冰箱品牌发布会。同时，其还推出业内首个开放创新平台——HOPE（Haier Open Partnership Ecosystem），意在整合全球顶级创新资源，推动工业 4.0 战略顺利进行。

·美的集团——智慧家居战略，意图打造一个"开放多元的智慧家居生活平台"

2014 年，美的集团先后与阿里巴巴、华为、小米等公司合作，从美的智慧家居平台释放出空气（空调事业部）、健康净水（跨生活电器和电热水器事业部）、营养（厨电事业部）、能源安防（照明事业部）四大平台。

前期，美的发布了空气智慧管家和营养智慧管家，主要以空调兼容电风扇、净化器及以厨房微波炉兼容冰箱为主；之后会陆续发布智能热水器、智能净化器、中央空调等 20 个左右的智能终端。

2015 年 3 月 11 日，美的包下总面积达 768 平方米的展区，共展出 32 个品类共 229 款产品，其中智能产品达 30 个品类。同时，其还发布 M-Smart 系统白皮书，对这一智慧家居解决方案进行了全面的释义。

·TCL 集团——以"智能＋互联网""产品＋内容"为核心的双＋战略

2014 年，TCL 集团发布的双＋战略由 TCL 多媒体、TCL 通信两大平台承担产品平台，但是内容平台上并没有竞争优势。同时，TCL 与爱奇艺合作后并没有推出智能化的"明星机型"，在白色家电上基本还处于 OEM（原始设备制造商）阶段。

2015 年中国家电博览会上，TCL 一口气推出了北斗洞明、北斗天权等"北斗系列"的 9 款空调新品。这些智能新品成为构建智能家居生态圈的重要一环，也标志着 TCL 正努力向互联式家电企业转型。

·海信集团——智能化转型战略

海信集团虽然在 2012 年就已宣布实施全面的智能化转型战略，但仅成立了智能化战略转型委员会。黑色家电、白色家电、手机通信等业务的整体协同效应不明显，还处于各自为政的阶段。

2014 年，海信重点推 ULED 技术，冰箱方面有新一代 NFC 智能冰箱，智能手机还处于"机海战略"，智能空调尚未落地。

2015 年，海信终于发力，在中国家电博览会上高调推出苹果云 T 系列"炫转"空调、全球首套空气解决方案"会呼吸的家"以及全新的空气净化器等多款智慧产品阵容，开启了智能家居新时代。

对比这些家电厂商，我们发现目前海尔、美的已经在面向全线家电做智能化升级，但是 TCL、海信这些实力欠缺的厂商起步较晚，还在为形成一个整体布局而努力。这些智能家居方案仍处于初级阶段，许多智能产品仍然没有一个中枢系统进行整体调控。对于消费者来说，若日后他们发现购买的智能电视或智能空调不能接入家里整体的智能系统或者控制的方式迥异，肯定会难以忍受。因此，目前家电企业应该从一开始就考虑体系化和跨品牌互联的兼容性问题。

预计很快就会出现这样一种场景，即白色家电和黑色家电之间的界限将会消失，再也不会有这样的分类。今后将不再有传统企业和互联网企业的区别，所有的企业都将是互联式企业。

GL 法则——全球化思想，本土化操作

20 世纪 80 年代晚期，日本经济学家在《哈佛商业评论》上发表的一篇文章中用到了一个新词——"全球本土化"（glocalization，由 globalization 和 localization 组合而成，

简称 GL）。该词意在强调当全球化的产品或服务与当地的文化相结合时更有可能取得成功。

当时这位经济学家提到，麦当劳的成功是全球本土化的经典案例之一。这家诞生于美国的快餐连锁品牌在发展的过程中，为了适应当地人的口味，其连锁店的菜单会有所区别。另一快餐连锁品牌肯德基也是如此：现在顾客去中国的肯德基可以吃到米饭、粥和油条这类有中国特色的食品。

类似的转变比比皆是，大多数成功的跨国企业都在这方面下足了功夫。不过还是有一部分公司在中国遭遇了"水土不服"。比如全球搜索大亨 Google 在中国因拒绝执行"网络审查"制度而被"赶"出内地市场；eBay 和亚马逊面对淘宝、京东、当当等国内电商的围攻，步履艰难；曾是办公人员必备的微软即时通信软件 MSN 更是被 QQ 甩出了十万八千里……

微软中国终身荣誉总裁唐骏曾谈到 MSN 在中国市场失利一事，他认为微软推行的是全球一体化战略，而这显然与强调无边界、扁平化、零距离的互联网时代格格不入。更有甚者，昔日全球最大的交友平台聚友网（MySpace）在入华之初，直接将美国版的注册页面复制过来，更让国内大多数用户不能接受的是，注册申请时还需要他们填写"性取向"十分隐私的信息。很快，MySpace 就被开心网和人人网拉下马来。

而对于家电行业来说，许多像飞利浦这样的"外来和尚"同样念不好中国的"经"：2014 年，欧洲老牌家电品牌飞利浦将在华市场的电视业务出售给冠捷科技。许多跨国家电企业具备更加先进的技术和管理方式，但它们并没有放下身段，去倾听中国用户的心声。而当它们意识到问题并试图做出改变时，又遇到了家电行业的整体唱衰。因此，许多国外家电企业出于利润考虑，或出售家电业务转向其他领域，或籍籍无名，被时代湮没。

移动互联网时代，许多知名家电企业纷纷走出国门，进一步扩张市场。在这个过程中，为避免水土不服，推行"全球本土化"不失为一个好策略。早在 1997 年，社会学家罗兰·罗伯森（Roland Robertson）称，全球本土化意味着普遍化与特殊化趋势的融合，两者共同起着作用。

国内家电企业中，海尔算是推行全球本土化的先行者。海尔人曾这样评价自己：过去海尔是出口创汇，后来是出口创牌，现在海尔要出国创牌。张瑞敏将海尔走向世界的策略总结为：走出去、走进去、走上去。在这个"九字方针"的规划下，海尔在过去 30 年中，先将自己的品牌产品输出到国外，进入这些国家的主流市场；然后将品牌产品打入国外主流市场的主流渠道，成为主流销售产品；最后让海尔成为世界各国的主流品牌。这一发展历程其实就是这些年来海尔推行全球本土化所走的路。

1998 年，海尔启动国际化战略，投资 5 亿元建成了海尔"中央研究院"。2005 年，海尔启动全球化品牌战略。到目前为止，海尔已经在全球建立了 21 个工业园、5 个研发中心、19 个海外贸易公司，在全球 17 个国家拥有 8 万多名员工，产品远销 100 多个国家和地区。

在产品研发上，海尔抓住了当地消费者的需求。例如，海尔在进入美国市场后发现，该国的大品牌家电企业都不重视学生冰箱市场，因为这个市场规模不大，且消费者的购买能力有限。但海尔抓住了这个市场，调研人员发现在外租房的学生一般都住在很小的地方，对于空间的有效利用成了关键。于是，海尔小冰箱应运而生。学生看重了这一款冰箱顶部可以当桌面使用的特点，结果很受欢迎，带动了海尔小冰箱在美国的飞速增长。

而日本市场更难进入。张瑞敏曾在接受日本媒体采访时说，海尔看好日本市场，主要是看好日本用户的挑剔。后来，海尔找到了一个缝隙市场① ——单身女性市场。日本有许多年纪较大却没有结婚的单身女士。这部分人一般都有不错的收入。海尔看准了这一部分目标群体，为她们量身打造了单人洗衣机。这款定制产品在设计中主要考虑的重点是保护个人隐私和一些特殊的洗衣要求。比如，内筒材料没有用常见的塑料，而是适合洗女士内衣的不锈钢材料。

从上述案例可以看出，海尔当时走的并不是低价策略，而是满足当地消费者的个性化需求。在全球化的过程中，它走的是本土化的路线。而抓住缝隙市场，是海尔"全球本土化"策略的一部分。也正因为海尔一直都坚持这一策略，才给它带来了现在的成就。

市场权威调查机构欧睿国际发布的数据显示，海尔在2014年度全球主要电器品牌排行榜中以10.2%的零售份额位列排行榜首位。同时海尔在冰箱产品、家用洗衣产品和葡萄酒冷柜等三个产品类别中排行第一。这是海尔连续第六次获得全球主要家电品牌第一名的称号。

看到海尔现在的成就，其他家电品牌在全球化过程中，可以参考海尔全球本土化的模式，力图找到一个缝隙市场，集中力量进入并成为领先者，然后从当地市场扩展到整个国家甚至全球，同时在这一过程中积累差异化的产品，形成持久的竞争优势。

互联网思维的无边界、零距离、扁平化决定了传统家电企业在这个移动互联网时代的开放与资源整合的必要性。而要想开放和整合资源，家电企业就要走出国门，拥抱世界。总结来说，家电企业在转型和全球化的过程中要符合"GL"法则，即打造一个"全球化的思想，本土化的操作"的企业。

---

① 缝隙市场：指那些被市场中的统治者、有绝对优势的企业忽略的某些细分市场。

第十二章

用放大镜看趋势，显微镜看冲击

突破法则——科技研发要看到家电之外的变化

2014 年 11 月 5 日，中国家用电器协会理事长姜风在中国家用电器技术大会的致辞中表示："中国家电产业发展的方向就是创新，要高度重视原始技术创新，基础技术研究以及前瞻技术研究，在智能技术领域，变频技术领域，核心零部件技术领域实现突破，把核心技术掌握在自己手里。"

然而，国内大多数一二线家电品牌都已经走过了 20 多年的风风雨雨。在互联网时代，它们开始意识到要关注消费者、整合资源、技术创新，但是现在生产出来的产品在外观设计和功能上都遭遇了瓶颈。面对同质化产品泛滥和用户的审美疲劳，许多家电产品越来越失去其吸引力。

因此，现在传统家电企业大谈特谈转型，有一部分原因是想突破瓶颈期，维持企业利润的增长速度，提高自身竞争力，而不是主动去拥抱互联网思维。不过，互联网企业就像"野蛮人"入侵一样，可不管家电行业是否处于尴尬的瓶颈期而不便"迎战"。

2013 年 5 月 7 日，经过几年准备的乐视终于扛起大旗，将进攻的矛头对准了传统家电行业的主流产品——电视机。这一天，乐视正式推出了超级电视 X60，成为首家推出自有品牌的互联网公司，标志着互联网企业正式杀入电视领域。

乐视网的 CEO 贾跃亭表示："未来大屏互联网就会像现在的移动互联网一样，在不知不觉中席卷全球，为了满足用户潮水般汹涌的大屏互联网需求，我们要用互联网模式重新定义电视。传统的电视已经几十年没有改变，无法满足互联网用户的需求，未来几年传统电视将被智能电视取代，智能电视数量将很快到达数亿级，电视不再是电视，而是知识家庭的计算中心和家庭互联网生态系统，在电视行业的变革大潮中，互联网模式企业将成为市场的领导者。"

不久之后，阿里巴巴就发布了阿里智能 TV 操作系统，并且同华数传媒合作，联手推出了天猫魔盒；在智能手机上做得如鱼得水的小米也不忘插上一脚，推出了低价高配的小米电视。开售当天，首批 3000 台产品在 1 分 58 秒内全部售罄。

当然，互联网公司在技术优势之外也有软肋：它们没有自己的制造工厂，产能和产品质量往往囿于代工厂。同时，互联网企业跨界进入家电行业的时间过短，还没能形成一定的品牌积淀。虽然其产品在经常上网的年轻群体中很有影响力，但仍未覆盖更大范围的消费群体。不管怎样，传统家电企业看到这些具有典型互联网基因的跨界新品，在感到紧迫感和危机感的同时，不妨也想一想，是不是能给自己突破发展瓶颈带来一种思路和推力？

关于这一点，许多业界人士也意识到，如今家电行业面临的瓶颈就像一个窗口，一旦推开，将会看到外面更为广阔的世界。

帕勒咨询公司资深董事罗清启说过，除了承受着互联网企业跨界给家电行业竞争带来的压力外，传统的家电制造企业也从互联网浪潮中捕捉到了互联网技术及智能化是目前市场发展的潮流，因此传统的家电企业向智能化转型是必然趋势，否则就会被时代淘汰。

面对互联网企业的冲击，老牌家电企业长虹集团这两年显然有些不知所措。相关数据显示，长虹集团的空调、电视、冰箱、小家电等产品线的地位都在不断下降，特别是小家电已经萎缩到在行业中几乎没有话语权。从 1997 年就开始生产的长虹空调至今已经沦为空调市场的二流品牌。而一个二流品牌要想在行业中有所扩展，其困难程度不亚于新创一个品牌重新打入市场。因此，长虹也在积极寻求转型的方向。

在这种转型思路下，长虹集团从 2013 年开始就动作频频：4 月 19 日，四川电信与长虹签署战略合作协议，双方携手在三网融合、物联网、大数据、云计算等领域进行合作；6 月 19 日，IBM、文思海辉、长虹在四川绵阳举行合作协议签约仪式，联手共建 IBM 在大中华区的首个大数据分析竞争力中心；9 月 13 日，未来电视有限公司与长虹集团启动深度战略合作；12 月，优酷 CEO 古永锵披露智能电视战略，与长虹合作……①

2014 年，长虹提出新的三坐标战略，首次提出将智能化、网络化和协同化作为新的三坐标体系发力方向，并推出了代表性的第一代 CHiQ 系列产品。

到了 2015 年，长虹已经开始向无人工厂、智能制造转型。业内人士认为，长虹目前的"智能系统管理平台"已经能够实现从互联网、大数据到智能研发、智能制造等各个环节相互贯通。在四川绵阳的长虹电视工厂，可以同时生产 8 款电视，每 5.5 秒就有一台电视下线，充分展示了从"制造"到"智造"的优势转变。

从长虹的这一系列动作来看，这家在过去连组织员工出去旅游都是"西装加领带"的老牌国企开始从家电原有的框架中走出来，努力睁开眼睛，去看看家电以外的世界是个什么样子。很显然，长虹被震撼了，它开始同互联网公司合作，努力去打破原有思维和传统商业模式。

---

① 部分资料见长虹公司官网，http://www.changhong.com.cn/101.htm。

互联网企业的到来，可以利用移动互联网的相关技术帮助家电企业从相对迷茫的状态中脱离出来，推出一些符合这个时代消费者需求的互联网化家电产品。总结来说就是：寻求突破，拥抱互联网，向智能化转型。

可穿戴设备：家电也要比"穿戴"

2014年中国国际消费电子博览会（SINOCES）专门开设了移动互联及可穿戴设备展区，向参观者展示了谷歌眼镜、智能手表、智能手环、智能手杖和意念猫耳等产品。为了增加现场产品的体验性能，大会还专门组织模特穿戴上设备走秀，让参观者感受到智慧生活所带来的颠覆性变化。

到了2015年1月举办的国际消费电子展（CES）上，智能穿戴设备已经成为展会上最大的亮点，其关注度远远超过智能手机和各类平板产品。

而来自市场研究公司ABI的数据显示，智能穿戴设备2014年全球出货量已经接近1亿部，预计到2018年出货量将达到4.85亿部。在这些数据和趋势分析背后，是三星、索尼、谷歌、苹果、海尔、小米等众多互联网企业和家电企业纷纷进军可穿戴设备领域的现状。一时间，消费者看到市面上铺天盖地都是智能手环、智能手表和智能眼镜等可穿戴产品。

当然，对于可穿戴设备的现状也不能盲目乐观。因为当前主流的市场机构统计的都是企业的出货量，而不是实际销量。这种统计方法很可能存在虚夸市场容量的情况。毕竟，Google推出谷歌眼镜到现在也只有3年时间，且现在似乎进入了"冬眠期"，一部分开发者放弃了这项计划，可穿戴设备走向普及还有很长一段路要走。

从市面上推出的一些可穿戴设备来看，大都存在以下三个方面的问题：价格高昂；电池续航时间短；不能独立使用或功能不全。对于这些问题，相关的企业也在这方面展开了积极探索。比如三星、索尼等企业通过在线下体验店展出可穿戴设备，供用户体验。

就国内来说，2014 年可穿戴设备市场也是风起云涌，热闹非凡。中国现在已经是全球最大的消费电子市场，百度、海尔、360、小米等企业已经在可穿戴设备领域布局多时，都想占得先机，获得一个新的宝贵入口。

下面我们看看这几家公司有关可穿戴设备的动态。

·百度

从百度未来商店网站（http://store.baidu.com）上，我们可以看到百度计划推出的产品多达上百种，至 2015 年 6 月前已经推出的有两款第三方厂商的设备——咕咚手环和 inWatch One。这两款设备的共同点是应用了百度开放云的服务，主要提供图像人脸识别、语音识别等技术。

据了解，百度为了布局可穿戴设备，专门组建了一支覆盖硬件、软件和云服务的研发团队，之后将会推出智能手表、智能手环、智能眼镜等多款产品。

·海尔

根据行内知情人士爆料，海尔经过 1 年多时间的布局，已经完成了多项个人智能可穿戴设备的产品规划。

在 2015 年 3 月 2 日举行的世界移动通信大会（MWC）上，海尔推出了专门针对老人、儿童和宠物等特定人群和目标打造的智能手表等可穿戴设备。

·360

360 到目前为止已经推出了针对儿童的"360 儿童卫士"和 360 智健。不过周鸿祎和 360 的研发人员认为目前产品布局还没有完全确立，有相当一部分产品正处于研发过程中。

·小米

小米推出了小米手环与智能云血压计，加紧布局可穿戴设备。

除了国内企业纷纷试水可穿戴设备这一新兴市场外，国外可穿戴设备企业均在积极筹划进军中国。在国外企业中，Google 在可穿戴设备上的布局要早于苹果公司。其于 2012 年正式推出谷歌眼镜，开启了"可穿戴智能设备元年"。2014 年 1 月 14 日，谷歌宣布以 32 亿美元收购"iPod 之父"托尼·法代尔（Tony Fadell）创办的智能家居公司 Nest Labs。

这一项收购是谷歌历史上规模第二大的收购，仅次于 2012 年谷歌收购摩托罗拉移动。正如谷歌收购摩托罗拉移动后正式进军硬件市场一样，这一次收购也标志着谷歌将 Nest 当作一个涉足新市场的跳板。

之后，谷歌又马不停蹄地推出了基于安卓系统的安卓可穿戴（Android wear）设备版本，开始与同属安卓阵营的 LG 和三星争夺智能手表市场，希望能压住苹果智能手表的风头。

可穿戴设备的兴起，能让人们更加灵敏地感受自己和世界，改变我们的生活环境。目前来看，可穿戴设备目前有两大发展用途：信息收集和直接干预。

（1）信息收集

作为一种硬件设备，初期智能手环和智能手表等产品的主要功能是收集用户信息。比如智能手环可以记录使用者日常生活中锻炼、睡眠、饮食等实时数据，并且可以将这些数据同步到手机、平板电脑和 iPod touch 上，通过数据指导健康生活；而智能手表的功能除了接打电话外，还能记录心跳，配合手机的 GPS 记录位置，能够测量能量消耗、锻炼时间和距离等。

（2）直接干预

可穿戴设备主要是对人体健康的干预和改善。随着可穿戴设备的进一步发展，其主要功能不再满足于单纯的收集数据，而是直接干预用户行为，引导他们拥有更健康的生活方式。比如对于一些想要减肥和健身的用户来说，一款名为"JAWBONE UP"的智能手环能够像一个负责任的私人健身教练一样，告诉用户每天的运动路径、消耗的热量和摄入的热量，还可以设置运动目标，实时显示运动完成率，让一些难以坚持运动的人有一个循序渐进的过程。

与家电相关的是，未来的可穿戴设备或许可以根据用户的手势去随意开关和调节屋子里的空调、电视、冰箱、洗衣机等家电产品。同时，可以将这款产品当成所有家电产品的联结中心，充当一个中枢系统的作用。每一个家电产品都能将实时数据上传至该设备，然后由该设备控制和调节各个产品的模式，让用户享受到一个更为舒适的智慧生活环境。

在这方面的尝试中，海尔在 2014 年 12 月 11 日推出的海尔星盒就具备了上述功能设想的雏形。海尔星盒作为家庭智能联结中心，能主动记录室内温度数据、智能识别用户习惯，实现对空调、空气净化器、加湿器、除湿器、睡眠灯光等产品的控制与联动，致力于打造一个健康舒适的室内环境。然而，这款产品还处于持续的体验中，目前只能用于家庭，还没有扩展到出行，智能家电产品尚未形成体系。

随着智能家居和万物互联时代的到来，家电企业在可穿戴设备的布局势在必行。第一部手机摩托罗拉 DynaTAC 8000X 问世到现在只有 40 年时间，而如今，智能手机的普及直接将人们带入了一个移动互联网时代，每一个人的日常生活都因为它们的出现而改变。对于可穿戴设备亦是如此，或许每一次它在功能技术上的小创新，都是家电行业乃至整个人类发展进程向前迈出的一大步。

物联网：让家电"有思想"

对于"物联网"① 一词，普通消费者可能还很陌生，但对于业内人士来说，这已经是一个老生常谈的概念了。早在 1990 年，美国施乐公司（Xerox）推出了一款网络可乐贩卖机（Networked Coke Machine），第一次将物联网技术与商用电器结合在了一起。

一年之后，美国麻省理工学院的 Kevin Ashton 教授首次提出了物联网的概念。

1995 年，第一次当上世界首富的比尔·盖茨在《未来之路》中提出了一些对于未来的预言，其中就有物联网，但在当时并未引起重视。不过，"有钱任性"的首富显然看好物联网。他安排当时的微软全球与战略执行官克瑞格·蒙迪建造一个"未来之家"，其设计初衷就是为了探索各种前沿的科技在现实生活中的应用。

这个"未来之家"位于微软雷德蒙德总部园区的一座特殊的房子。走进"未来之家"，能够看到各种前沿的技术遍布于屋子的各个角落，从无人汽车到微型机器人，从声控窗帘到智能家居设备……如今，比尔·盖茨早已退休，而那些在当时看起来匪夷所思的技术和设备，许多都已成了现实。

而促其成为现实的条件，是红外线、激光扫描、无线、射频识别、全球定位等技术的不断应用，机器变得越来越智能，人机交互也成为现实。

2008 年，美国 IBM 公司提出"智慧地球"的概念，主张将新一代 IT 技术运用到各行各业中，同时将感应器等相关设备嵌入全球各地的物体中，形成"物联网"，以便人们能够更加精细地管理和生活，最终实现"互联网 + 物联网"的"智慧地球"。

紧随其后，2009 年世界各国也是动作频频：欧盟递交了《欧盟物联网行动计划》，其主要目标是将各种物品联结到网络中；日本提出国家信息化战略——"I-Japan 计

———
① 物联网：Internet of Things（IoT），顾名思义，物联网就是物物相连的互联网络。

划"，主要是为了突破数字技术适用的壁垒，实现数字技术的易用性，打造全新的日本……

从各个经济大国纷纷启动物联网战略来看，物联网在未来的发展潜力很大，将成为下一个推动世界高速发展的"重要生产力"，有超过万亿元的市场开发前景。有业内人士指出：物联网将是信息产业革命中继计算机、互联网和移动通信之后的第四个重要节点。

就我国来看，国家对于物联网的发展也给予了许多政策支持。经过一段时间的精心酝酿，2011年11月28日，工业和信息化部正式印发了《物联网"十二五"发展规划》。该规划指出，到2015年初步完成产业体系构建的目标：形成较为完善的物联网产业链，培育和发展10个产业聚集区、100家以上骨干企业、一批"专、精、特、新"的中小企业，建设一批覆盖面广、支撑力强的公共服务平台。"十二五"期间，物联网将实施五大重点工程：关键技术创新工程、标准化推进工程、"十区百企"产业发展工程、重点领域应用示范工程以及公共服务平台建设工程。其中，重点领域主要涉及智能工业、智能农业、智能物流、智能交通、智能电网、智能环保、智能安防、智能医疗和智能家居等。

2014年2月18日，全国物联网工作电视电话会议在北京召开。国务院副总理马凯出席会议并讲话，他强调要抢抓机遇，应对挑战，以更大决心、更有效的措施，扎实推进物联网有序健康发展，努力打造具有国际竞争力的物联网产业体系，为促进经济社会发展做出积极贡献。

2015年的全国"两会"上，李克强总理在政府工作报告中明确指出，要制订"互联网+"行动计划，积极推动移动互联网、云计算、大数据、物联网等与现代制造业结合。这意味着，我国物联网建设即将进入一个新的发展期。

与家电行业相关的是，智能工业和智能家居这两大重点领域将会在物联网的推动下发生很大的变化。家电企业在变革转型时，如果抓住了这两大领域，就很有可能在物联网市场占得先机，获得更多的发展。

近几年来，国内外家电品牌的数百种物联网家电亮相各大家电展会。可见，家电企业在大张旗鼓研发智能家电时主要考虑的就是物联网技术，让家电更有"思想"。

目前，移动互联网已经完全融入了人们的生活。据相关资料统计，中国互联网用户规模已达 6.18 亿个，智能手机激活数量一路倍增，已经超过了 10 亿部，而且仍在快速增长。此外，无线热点与 3G、4G 网络的普及也为物联网家电提供了便利条件。

随着互联网思维不断被传统家电行业提及，绝大多数有先见之明的家电企业管理者都开始与互联网公司合作开发智能家电，如 TCL 同爱奇艺合作推出爱奇艺电视，也与 360 联合推出互联网空气净化器 T3 空气卫士；美的与阿里巴巴和小米两大互联网公司均确立了战略合作关系。家电企业与互联网企业的联姻，主要是在软硬件方面的互补合作。这也让家电物联网的实现手段更趋成熟。

不过，现在应用物联网技术打造出来的智能家电仍存在许多问题。它们之中的大多数产品只是在原来功能家电的基础上添加了智能化模块。这样一来，这些智能设备上都有大量功能，成为一个操作复杂的智能终端，而家电之间的联结却少之又少，形成"信息孤岛"[①]效应，碎片化现象明显。

比如，当用户在上班的时候遇到雷雨天气，如果没有一个系统化的联结中心，他需要用手机依次打开各个智能设备的控制端，分别实现对空调、窗帘、空气净化器、灯管、电视的控制。这样复杂的控制即使很智能，也远远违背了物联网和智能家电的初衷。

未来理想的情景是，物联网技术能真正将所有的家电协同起来，统一地为用户

---

① 信息孤岛：指相互之间在功能上不关联互助、信息不共享互换以及信息与业务流程和应用相互脱节的计算机应用系统。这里将其延伸到了家电之间。

进行一致、连贯的服务。各个智能家电产品在"管家"（智能产品的联结中心）的指挥下，有条不紊地为用户营造一个舒适的家居环境。如若遇到雷雨天气，用户只需通过"管家"的系统替换场景模式，由"管家"自动去安排其他家电配合工作。

2014年3月，美的集团推出了整体厨房"SK1"，用户通过一套智能控制系统APP，就能在Android或iOS系统的手机或平板电脑上控制灶具、消毒柜、烟机、嵌入式烤箱、嵌入式微波炉等一整套厨电产品和整体橱柜。"SK1"是一套完整的厨房生态系统，将所有的厨电打通，具有里程碑式的意义。

但是，100万元的标价让普通家庭望而却步，这个产品只能定位于高端市场，很难普及。而且，"SK1"离理想的物联网家居环境还有距离，它只是实现了厨房电器的互联，还不能总体实现客厅、卧室系列家电产品的互联，并不是真正意义上的万物互联。

2015年年初，微软和三星都表示，2015年将成为物联网年。现在各大互联网公司都在加紧建设物联网的基础设施，物联网的趋势不可逆，未来的家电将会更有"思想"。传统家电应尽早加大对物联网家电的研发和改进，还是那句话：做了不一定会成功，但不做一定会死得很惨。

3D打印家电：噱头还是潮流

自2013年以来，"3D打印"这个概念被炒得火热。人们在谈及3D打印的用途时，设想了这样一个场景：未来家里的一切所需，包括食物、汽车、家电、书本、衣服等东西都可以不用去外面购买，而是由一台3D打印机搞定。

虽然到现在为止，3D打印技术还没有被大规模应用，但其作为一项已经被发明了二十多年的技术，终于焕发了第二春。许多普通人对于3D打印机的概念还不是很理解，其实它与普通打印机的工作原理非常相似。只不过，普通打印机的打印材料是墨水和纸张，而 3D 打印机的材料五花八门，可以是金属、塑料、陶瓷、砂等许多材料，它们都是构成物体的原材料。当 3D 打印机同电脑联结后，通过电脑控制可以将事先准备的打印材料堆叠起来，最终形成立体的实物。

了解了这些，我们发现 3D 打印机是可以制造出 3D 物体的一种设备，因其与普通打印机的技术原理即加工过程相似，因而与"打印机"沾上了边。在许多科技发烧友利用 3D 打印机打出立体人物模型、玩具后，他们开始制造出更大的打印机，准备打印汽车甚至小型飞机。

日本松下公司对于 3D 打印技术情有独钟。在 2013 年年初的美国电子消费品展会上，松下发布了一台 56 英寸 4K 分辨率的 OLED 电视。据传，其中电视机机壳部分零部件应用了 3D 打印技术，而显示器和内部元件还是用传统制造技术。

2013 年 8 月，日本松下电工株式会社社长长荣周作表示，公司正在计划将 3D 打印机用于生产树脂和金属部件。如果这一计划成功实行，将是 3D 打印机第一次应用于家用电器部件的量产。

在过去，家电产品中树脂部件生产所需要的模具都是经由机床反复切割和打磨制造完成。这一过程的工艺要求非常高，而且一个模具的制造时间长达一个月左右。而像松下这样的大企业，每年都需要耗费数十亿元在模具制造上。

松下把用于模具生产的 3D 打印机变成金属积层造型机，它能够直接融化金属粉末，然后加固成模型。这项技术由松下同日本知名机床企业松浦机械制造所等厂商共同研发，获得了许多项专利。一旦大规模投入使用，将能缩短一半的模具制造时间，同时树脂产品的生产成本也能减少到原来的三分之一。

与此同时，松下旗下的环境方案公司与其子公司松下环保系统已将合计约 5000

个生产插座和抽油烟机、风扇等产品的模具出口到中国、泰国等国家。这些模具中，有将近一半是用 3D 打印技术生产的。

从松下重视 3D 打印技术的行动来看，这家曾经辉煌、现在衰弱的日本老牌家电企业正意图抓住 3D 打印兴起给传统制造业带来的机遇。对于其他家电企业来说，如果未来家电产品能用 3D 打印机实现量产，那将是对传统企业组织形态的一次颠覆。

不过，3D 打印要想大规模应用于家电企业，还需要克服以下几个限制因素。

（1）材料的限制

虽然一些高端的 3D 打印机能够实现塑料、陶瓷和一些金属的打印，但无法用来打印的材料仍有许多。许多家电产品的内部结构中含有一些稀缺的金属，它们就无法实现打印。此外，目前的 3D 打印技术还远未达到成熟水平，生产出来的家电产品在性能上仍然有不小的差距。

（2）知识产权问题

如果某一天，生产一款产品的唯一门槛只是一张 3D 设计图纸时，那么品牌家电就失去了原先依靠几十年才积累起来的品牌优势。更可怕的是，随着信息传播的便利，人们可以随便获得并复制这些东西，而且数量不限。这样一来，他们或许不再需要从厂商购买家电产品，而是会拿着 3D 设计图纸直接去街道安装的 3D 打印机（如果可能的话）打印出来。

要想杜绝这个问题，制定有关 3D 打印的法律法规和对 3D 设计图纸知识产权的保护，光靠家电企业自身是解决不了的。这一点，从音乐、电影和电视等产品的知识产权保护缺失就可以看出会有多么困难。

（3）产品价格问题

尽管对于有着实现量产诱惑的家电企业来说，3D 打印机的价格可以接受，但是，用这个高科技打印出来的家电产品最终是要卖给客户的，如果成本控制不下来，用户凭什么要去买一个功能差不多（可能还更差些），价格却高出很多的产品？

正因为现在 3D 打印技术有这些限制，许多传统的家电制造企业对其持观望态度，甚至公开排斥这种技术。比如富士康董事长郭台铭就在 2014 年 6 月底接受媒体采访时表示，他不看好 3D 打印技术，3D 打印技术无法应用于大量生产，所以他认为一些专家关于"3D 打印是第三次工业革命"的说法只是为了宣传 3D 技术的一个噱头而已。

为了验证他的说法，他还以手机为例，认为现在的 3D 技术在打印手机的过程中并不能添加电子元器件，只能打印外壳，根本无法实现整体的量产，没有使用的必要。而且受到原材料的限制，3D 打印实际上能打印出来的产品还很少，"即使生产出来产品，也无法实现量产，而且一摔就碎"。最后，他直接断言："如果 3D 打印真有用，我的'郭'字倒过来写。"

由于郭台铭在制造业具有相当大的影响力，他的这番言论在 3D 打印行业和媒体中掀起了不小的波澜。而 TCL 董事长李东生也是支持郭台铭的，他认为，关于 3D 打印的大部分说法有些言过其实，他不相信靠 3D 打印技术能够制造一台电视机出来。

不过，全球最大的打印公司 Stratasys 创始人斯科特·克伦普对此却有不同的看法。他认为，虽然现在 3D 打印的主要材料还是塑料，但未来金属材料肯定会被运用到 3D 打印中来，"我们的产品在全球 73 个国家销售，中国的销售增长是最快的"。

克伦普的这段话出自郭台铭炮轰 3D 打印技术之后不久，我们姑且可以将其视为对郭台铭的非正式回应。

当然除了"倒 3D 打印"派的郭台铭和李东生、"挺 3D 打印"派的克伦普外，还存在一些中立派，比如软银赛富亚洲投资基金合伙人阎炎就说过："我不认为（3D

打印）马上对产业会有革命性、风暴般的影响，但会逐步改变。它不像互联网技术、干细胞技术，深刻改变整个人类的生存方式。"

不管怎样，3D 打印技术在运用初期肯定会面临着各式各样的障碍。一旦找到合理的解决方案，3D 打印技术将会迎来一个井喷式的发展，未来发展的大趋势不会变。鉴于此，未来 3D 打印有可能会颠覆包括家电行业在内的制造业。

第十三章

平台制胜，打造互联式家电企业

跨界：未来企业都是互联式企业

"跨界"这个词是 2013 年中国互联网发展的关键词之一。

在 2013 年里，一向专心做电商的阿里巴巴开始玩起了互联网金融，而原先在做视频网站的乐视也在蛰居 5 年后，推出了互联网电视。此外，传统家电企业长虹也在这一年描绘"跨界经营"的蓝图，玩起了互联网……

相信在过去的两年时间里，许多企业都尝到了跨界者带来的冲击与挑战。比如，在滴滴打车、哈哈拼车这一类移动 APP 横空出世后，传统的电话呼车中心很快一蹶不振，沦为摆设。

如今民营教育的执牛耳者新东方也面临着一些从未想过的对手的冲击。这些对手中，实力最强的是 YY 教育。欢聚时代 CEO（YY）李学凌一度声称"要改变中国教育"，花 600 万元买下了 100.com 这个域名，称未来两年将拿出 10 亿元人民币专做在线教育产品和运营。

YY 背后的大股东雷军也是跨界的好手，他领导下的小米科技的产品项目不仅有网站、论坛、手机、小米 MIUI 系统，还有智能手环和智能路由器，涉足的领域非常多。可以说，过去小米是一家互联网公司，现在跨界非常明显，不再是"软"公司，而是"软硬结合"的新型公司。

移动互联网时代，无论是传统企业还是互联网企业，它们都在争取或者拉拢自己所缺乏的资源，努力构建一个功能强大的平台生态圈。然而，目前双方都在移动互联网界限的两边，既有些谨慎，又有些焦急地伸出脚去试探。

它们焦急，是因为面对这个全新的时代，过去那一套引以为傲的管理理论和商业模式都在慢慢失效，一个全新的商业环境和商业规则正在慢慢形成；它们谨慎，是因为面对这个相互融合渗透的时代，谁也不知道未知的前方是通途、泥淖还是深渊。但不管怎样，时代车轮的轰鸣声已经日渐逼近，传统企业和互联网企业都该快点整理行装，赶上这列时代的火车。

美国社会心理学家米尔格兰姆提出的六度分隔理论[①]，间接延展到企业的跨界，我们就会发现企业与企业、产品与产品之间的联系同样适用于该理论。在不久的将来，传统企业和互联网企业并没有多大的区别，原本风马牛不相及的产品也会有一定的弱联系，这也为跨界提供了理论支撑。

对于传统家电企业而言，跨界已经成为必然选择。因为过去传统的商业模式显然已经不太适合当前这个移动互联网时代。而现在家电企业打造平台、研发智能产品等一系列的动作无一不是主动跨界、拥抱互联网的真实写照。

其实人也好，企业也罢，如果发展到了一定阶段或遇到瓶颈，或想要紧跟时代

---

① 六度分隔理论：亦称六度空间、小世界效应，认为世界上所有互不相识的人只需要很少的中间人就能建立起联系。

变革转型，跨界未尝不是一个好选择。不过，企业的跨界要困难和复杂得多，如果没有长期的积累和对新行业未知风险的应变能力，草率行事，那么将会使自己被压制，甚至直接被扼住脖子咽了气。

国内企业在大谈特谈互联网思维和变革转型之余，掀起了一股跨界之风。在这一过程中，一些互联网企业也参与进来，进入家电企业原有的领地，开始推出一些符合时代风气的新型家电产品。一时间，家电企业更是像尾巴上着了火的牛，被彻底点燃了，"嗷"的一声拼了命向前冲。殊不知，这一次向前冲，是一条彻彻底底的未知路。

就目前来看，家电行业一般分为三个阵营。

第一大阵营：入侵者

这部分跨界入侵者就是那些互联网"野蛮人"，它们进入这一领域，意图从家电业中分得一杯羹。

小米过去一直都在死磕三星、LG 这样的安卓手机和 iPhone。最近两年来，小米看到乐视大张旗鼓地推出乐视超级电视后，也开始眼红了。很快，2013 年 9 月 5 日，小米公司正式发布了小米电视 1，吹响了小米跨界家庭娱乐的号角。接下来，小米一发不可收拾，又进入了电视盒子、移动电源、智能手环等新领域，让这些行业原先的从业者捏了一把冷汗。

第二大阵营：退出者

这部分跨界者主要是国外的一些家电企业，它们在弱化或者退出家电业务后，开始跨界新的领域。

2014 年 9 月 22 日，家电媒体圈里曝出一条大新闻：德国的博世集团和西门子股份公司达成协议，由罗伯特·博世公司收购西门子所持有的合资企业博世和西门子家用电器集团（简称博西家电）50% 的股份，交易总价为 30 亿欧元。这一交易意味着西门子今后将专注于自己的主营业务，主要是医疗系统、交通和能源等领域。

而日企在 2014 年也有了大动作，如松下调整家电业务结构，如今占比已不足 30%，今后发展的方向将集中在汽车电池、车载娱乐系统、汽车安全设备等领域；索尼也把电视业务拆分成全资子公司，将自己的业务延伸至产业链的上下游，包括内容的制作以及移动、影像、音乐、游戏等新领域；夏普则直接同美国零售巨头百思买达成协议，把"夏普"液晶电视的品牌使用权给了后者，而其 2013—2015 年的中期经营计划显示，夏普将健康医疗、机器人、智能住宅汽车、水和空气安心工程及教育领域作为新确定的发展领域；东芝早在 2013 年就陆续关闭了在中国的液晶电视工厂，大幅削减电视销售公司，将公司的业务转向医疗器械和工业电机等领域。

第三大阵营：改变者

这一部分跨界者主要是国内的一些家电巨头，它们在时代的洪流下继续奋勇向前。当然，正如海尔 CEO 张瑞敏所说："对于一个成功的企业，最大的风险是不变，要么自杀重生，要么他杀淘汰，海尔选择的是我们的价值观基因决定的自杀重生。"

显然，张瑞敏在实施"自杀重生"时，对于海尔内外的经营管理进行了一系列的变革。同海尔这个积极者相似的是，长虹、TCL、美的等传统家电企业也纷纷挑起跨界大旗，希望能够在智能家居时代站稳脚跟。正如方洪波在 2014 年 12 月 25 日美的集团的年度工作会议上所说："互联网已经不是一种思维，而是一种时代的力量，这种力量正在改变一切，移动互联不但重新解构行业，重塑公司的竞争力，更是扩展和模糊了整个行业的边界。"

这么多跨界的企业，不管当前处于哪一阵营，它们都在图存奋进，为了实现一个基业长青的伟大目标而努力。但这些家电企业一定要明白，这是一次转型革命，而不是一场跨界圈钱的资本游戏，更不是规模扩张的浅显追求。

家电行业专家陆刃波表示，只有那些积极投入智能家居研发、合纵连横探索新商业模式的公司才有望获得新的机遇。当这三大家电阵营各显神通时，一个不断颠覆与融合的新企业时代——互联式企业时代即将到来。

择优法则——做平台还是做产品

过去，哪怕是互联网企业，要想打造一个平台也需要很长的一段时间。我们来看熟知的 BAT 三大公司：李彦宏创办百度的时间是 2001 年，而阿里巴巴和腾讯创立得更早些，是在 1998 年。之后，三家公司各自经历了创业初期的考验和互联网寒冬的煎熬，最终花了十几年的时间，耗费巨额资金，才构建了如今为人称道的平台生态圈。

从 BAT 公司构建平台的漫漫征程来看，正应了那句古话："罗马不是一天建成的"。BAT 之后，像汽车之家和 58 同城这样的互联网企业也是经历了长达数年的艰苦奋斗，才有了现在的成绩。

随着移动互联网时代的到来，一些平台的成长速度似乎比以前更快了。比如现在风靡的微信平台，诞生至今只有 4 年时间，但早已比一些"前辈"更有影响力。当然，微信从经营 17 载的腾讯平台生态系统中汲取了足够的养分，这才具备了其竞争对手无法比拟的先天优势。不过，微信平台从创建到成气候也经历了 4 年的时间，而且还需要面对陌陌、米聊、易信、来往等强大的竞争对手。未来，微信究竟会有多大的发展潜力，目前还尚未可知。

不管怎样，这些为人所知的平台都算是成功的。还有相当一部分平台如昙花一现，比如电商平台 8848、返利平台 P.CN 和服装平台 PPG，它们之中有些甚至没有全面开放就已草草收场。

面对互联网公司战况惨烈的平台之战，大多数家电企业选择偏安一隅，寻求自保。它们对于这场平台战争不管不顾，意图保持一个"中立"的地位。殊不知，这种短视的做法到头来只会令自己沦为平台战争胜利者的附庸。

2013 年 12 月，张瑞敏在海尔与阿里巴巴宣布达成战略合作后，发表了如下感言：

传统企业的驱动就是美国的企业史学者钱德勒所说的，就是规模经济和范围经济。规模经济是什么？就是做到最大。范围经济是什么呢？就是做到最广。按照现在国家提的，就是做大做强。但是互联网时代的驱动力不是这个驱动力，它的驱动力就是平台。海尔希望把所有的家电都变成互联网终端，联起来之后，变成一个智慧家庭。这个要做的话，当然也需要融合很多资源。我希望都是以一种平台的方式来运作。

张瑞敏显然是一个充满先见的领导者，他在平台战争到来之际，开始积累自己的平台武装，既是自保，又显露出参战的野心。海尔与阿里巴巴的合作，显然是张瑞敏看上了对方庞大的平台。正如张瑞敏所说："阿里不是帝国，是一个生态系统，我觉得这是关键，生态系统是开放的，帝国是封闭的。我们现在正在做的，就是怎么样变开放。"

目前，海尔集团旗下有两家上市公司：青岛海尔和海尔电器。前者主要以产业为主题，后者则以渠道服务为主题。根据海尔轮值主席周云杰的介绍，未来海尔的上升将演化为三大平台：第一个是原先的青岛海尔将从过去单纯的硬件制造商演变为智慧家庭开放平台；第二个是将海尔电器发展成为虚实融合、价值交互的平台，从而打通所有线上线下的实体店；第三个是将日日顺子公司向社会开放，主营业务调整为大件产品的物流配送和上门安装，意图打造一个社会化服务平台。

作为家电行业的老大，海尔如此重视平台建设，自然而然也引来了竞争企业和业界的关注。一些家电企业也开始启动新战略，布局平台。

· **美的**

2014 年 12 月 14 日，美的发布公告，确认与小米达成战略合作伙伴关系，将以每股23.01元的价格向小米定向增发5500万股，即小米斥资12.66亿元入股美的集团。

此番与有软件开发优势的小米合作，是美的想从传统家电制造商转变为智慧家居方案的提供商的战略体现。美的在2015年家电博览会上推出了M-Smart智慧家居操作系统，至此，美的整个开放平台终于落地。

·格力

2014年，格力的发力方向主要在电商平台上。"双11"期间，格力首次参战天猫商城"双11"；接下来，格力于12月1日上线了自有电子商务平台"格力商城"。

2015年3月4日，格力正式发布公告，宣布官方电商平台"格力商城"上线。

·海信

2014年3月18日，海信电器与爱奇艺PPS、凤凰视频等11家视频网站举行了合作签字仪式，意在将这些网站的内容整合成一个叫"聚好看"的APP。当然这只是表象，海信做"聚好看"APP的实质是在做平台。

2014年11月19日，在海信45周年会上，海信宣称经过3年时间的建设，已经形成了三大平台：海信自主操作系统（Hi-OS）、海信智能"云"服务平台（Hi-Cloud）和智能互联技术平台（Hi-Connect）。

除了上述家电企业外，诸如TCL、创维这样的老牌企业也开始在构建平台上动作频频。然而，最后能分享成功果实的不会是所有企业。有相当一部分企业在盲目跟风之后会怅然发现，自己千辛万苦搭建的平台并不能成为其稳定发展的发动机，而是成为一个耗资巨大的累赘。毕竟，平台不是那么容易做成的。

那么家电企业要想做好一个平台，该往哪些方向努力呢？有一条捷径是，把互联网公司走过的平台之路再走一遍，避开原先它们摔过跤的地方，快速追赶。

平台最重要的依托是用户，有了用户，才能发挥出平台的效用。大多数互联网公司在初期都是采用免费战略，靠自己花钱（或许称之为"烧钱"）将用户"买"进来，然后配合媒体营销，将这一传播点打造成引爆点，从而获得正效应①。所以，家电企业要想做平台，首先就要懂得怎样去达到引爆点，实现正效应。除此之外，初期还需要大量的资本来获得用户，支持运营。

当然，对于不热衷做平台的家电企业或是没有足够资本来维持运营的二三线家电品牌来说，则可以放弃做平台，以免草草了事或者伤筋动骨，把肥的拖瘦，瘦的拖死。这部分家电企业可以考虑继续坚持在产品上下功夫，获得更多的利润和发展潜力。

家电企业做产品有两种思路，一种是做标品②，另一种是生产高附加值产品。

思路一：做标品

过去电视机的尺寸和型号非常多，而且型号的名字非常难记，让消费者目不暇接。这其实是家电企业的一个通病。

而小米不同，它推出的小米手机系列分别取名为小米1、小米2、小米3、小米4，称呼非常清晰；小米电视系列分别取名为小米电视1、小米电视2，也没有30寸、40寸、50寸之类的区别，每个型号只有一种规格，小米电视1（47寸），小米电视2（49寸）。从小米的取名和推出时间来看，它是在一段时间内集中公司所有的力量去打造一个标品。

思路二：生产高附加值产品

除了做标品外，家电企业还可以选择做高附加值的产品。这里的高附加值产品是指差异化明显的产品，只有你可以做得出来，别的企业很难跟风。在产品同质化日益严重的今天，要想做到这一点很难，但如果做成了，对企业自身来说，一定是具有里程碑意义的。

总之，家电企业选择做平台还是做产品，一定要根据自身情况择优而选，切不可盲从。有实力、有用户基础的大企业可以选择做平台；实力不足的中小企业，专

---

① 正效应：这里指一件事情的发生、发展受到了另一件事情的刺激后，促进了其正向发展。

② 标品：又称爆品，指价格低廉、销量惊人的超级大产品，参考刘润：《传统企业，互联网在踢门》，中国华侨出版社2014年版，第207页。

心做产品也不失为发展的良方。

并购法则——用并购的方式来做平台

美国著名经济学家、诺贝尔经济学奖得主乔治·斯蒂格勒说过："没有一个美国大公司不是通过某种程序、某种方式的兼并而成长起来的，几乎没有一家大公司主要是靠内部积累成长起来的。"

可见，在市场经济模式下，并购是企业成长最快捷的方式之一，对于家电企业来说更是如此。近年来，全球家电市场频频出现大型并购。

2014 年 7 月，美国家电巨头惠而浦耗资 7.58 亿欧元收购了意大利企业意黛喜 60.4% 的股权。两个月后，伊莱克斯以 33 亿美元将美国通用电气（GE）收入囊中。中国的长虹和海尔也分别参与了收购，虽然最终以失败收尾，但也折射出国内家电企业寻求发展的野心。

其实，中国的家电企业对于国内并购和海外并购并不陌生。近年来先后有了联想并购 IBM 的全球台式电脑和笔记本业务、TCL 并购法国汤姆逊等海外并购案，也有了格林柯尔并购科龙电器、斯威特并购小天鹅、美的并购荣事达等国内并购案。在当时，并购是一件值得收购者们自豪的事情，几乎所有的舆论都给予积极评论，市场一片赞誉之声，并购仪式也是越来越声势浩大。

然而几年过后，当媒体再次把视角投向这些当年风光无限的并购企业时，发现几家欢乐几家愁：联想目前已经是全球最大的 PC 生产厂商，第四大智能手机制造商；TCL 却在收购后发出一声叹息，业绩遭遇连年亏损，还受到汤姆逊公司清算，财务压力更大；格林柯尔分崩离析，顾雏军锒铛入狱；小天鹅早早脱离了斯威特，易主美的，后者在并购一系列企业后，如今稳坐家电行业前三宝座。

这里，我们姑且不去剖析并购成功或失败的原因，而是去了解这些年来，家电企业并购目的的变化。在过去，企业并购的最主要目的基本上只有三个——技术、市场和产能。

拿联想并购"蓝色巨人"IBM 个人电脑业务的例子来看，联想当时在全球个人电脑市场占有 2.2% 的份额，而 IBM 占 5.5%。收购之后，联想将一举成为 2004 年全球第三大 PC 制造商。此外，IBM 拥有联想梦寐以求的管理团队及先进的技术资源，还能获得 IBM 全球销售渠道和体系。显然，联想当时主要是为了获得 IBM 的市场和技术。

至于产能方面，国内家电企业间的并购大多是为了这个目的。

当年财大气粗的格林柯尔控股科龙电器之后，又马不停蹄地收购了吉诺尔电器，买下了上菱冰箱生产线，一时成为业内热点。

顾雏军仍未满足于此。2003 年 6 月，他又成功控股美菱电器。这时候，格林柯尔旗下拥有科龙、容声、美菱、康拜恩这 4 个品牌，占据了当时冰箱业"四大天王"（海尔、新飞、科龙、美菱）中的两位。

至此，格林柯尔掌控的冰箱产能达到 800 万台，离顾雏军的目标 1000 万台还差 200 万台。这个野心勃勃的企业家意在通过并购打造一个"冷帝国"，将格林柯尔推为"中国制冷业的摩根"。

早在 2009 年 12 月，中国工业和信息化部就发布了《关于加快我国家用电器行业转型升级的指导意见》（下简称《意见》）。《意见》指出，到 2015 年要努力培育 5 个左右具有综合竞争力的国际化家电企业集团。[1]

2015 年已经到来，而全球家电市场的格局也发生了很大的改变：欧美家电市场的份额进一步减少，日本家电业务正迅速衰弱，中国家电企业的最大竞争对手主要

---

[1] 信息来源：《工业和信息化部关于加快我国家用电器行业转型升级的指导意见》（中华人民共和国工业和信息化部：工信部消费〔2009〕674 号）。

是韩国家电企业。中国家电企业要想在这个移动互联时代占据绝对地位，成为全球家电市场的霸主，就要踏着时代的节拍向前走，用互联网思维武装自身。具体而言，我们可以在并购目的和目标的选择上有所改变。

前面已经提到，过去家电企业并购是为了市场、产能和技术，而现在，尽管这三方面仍然很重要，但是知名家电企业之间的技术水平大同小异，并没有一个绝对的技术领先者。而在市场和产能上，规模经济时代早已过去，如果仅仅把并购的企业当成生产线和代工厂，无异于对资源的极大浪费。

从并购目的来看，过去家电企业并购的都是同行。如今跨界、开放等互联网思维的流行，也让家电企业在并购上有了一个新的目的——打造平台。为了拥有一个集生产、销售、技术、营销等多功能于一身的平台，家电企业可并购的企业不再是单一的同行，而是"按需并购"，即缺什么补什么。在这一点上，互联网企业给传统家电企业提供了很好的借鉴。

一直以来，以高科技示人的苹果公司对于并购也是情有独钟。我们可以大胆推测苹果公司究竟想要做什么。

【并购1】

2014 年 5 月 2 日，苹果收购一家开发基于 LED 的显示屏技术的小公司 LuxVue Technology。

【猜测】

这家小的高科技公司掌握的技术能使 LED 屏幕具备低功率和高亮度。而目前苹果公司自身的 LCD 屏与其竞争对手三星的 OLED 相比并不占优势，此番收购可视作苹果试图在显示屏上发力的讯号。而这家公司对小尺寸显示屏深有研究，这可能又是其在未来继续布局 iWatch 等可穿戴设备的前兆。

【并购 2】

2014 年 6 月 6 日，苹果收购硅谷社交搜索创业公司 Spotsetter。

【猜测】

Spotsetter 是一家成立于 2013 年的初创公司，能够基于 Google 地图的社交搜索引擎分析用户的社交圈，并提供个性化的推荐服务。苹果自 2012 年放弃 Google 地图后，就一直在发展自身的苹果 Maps，这一收购可提升 Maps 的功能和竞争力。

【并购 3】

2014 年 11 月 3 日，苹果收购了一家只有 9 名员工的云计算公司 Union Bay Networks。

【猜测】

随着大数据时代的到来，苹果公司的这一次收购意在扩充 iTunes 商店和 iCloud 开发项目的实力。

此外，综合以往的数据来看，苹果收购的同行业公司非常少，而且被收购公司的大小和收购金额差距非常大。它收购的公司主要是为了弥补自身短板和未来战略布局的需要。从宏观来看，它的系列收购能将自身拥有的资源整合起来，形成一个大而全的平台，其整体效用必然如航母一样，超出了单一资源的加和。

现在传统家电企业还很难像苹果公司那样潇洒并购，毕竟过去几十年积累的传统并购思维还是根深蒂固。要想迅速转变思维，用并购的方式做平台，在短期内还是很难实现。但最起码，家电企业在并购的选择上有了一个新方向：为了构建平台去并购。令人欣慰的是，许多家电企业已经开始主动同一些互联网公司展开战略合作，利用对方的优势资源来做平台，这也让我们看到了一些希望的曙光。

引爆法则——找准跨界的临界点

在 2011 年 6 月以前，旅客买火车票都是在临近的火车站或代售点排队，遇到春运的话可能要排上很长的队，而且还不一定有票。2011 年年底，全国铁路全面推行网络售票，中国铁路才正式走入电子商务时代。

当我们看到这一段文字时，不由地纳闷：马云在 2003 年就已经在做淘宝网，为什么到 2011 年才有网上售火车票？这是不是太落后了？

只能说这么多年来，买票人的痛点一直没有被铁路部门重视，直到其他出行方式兴起后，铁路部门才发现竞争加剧，不得不紧跟时代，寻找用户的痛点解决方案，最终开通了网上购票渠道。到了移动互联网时代，铁路部门又适时推出 12306 手机客户端，进一步满足用户的需求。

如今传统家电企业的情况同铁路部门类似，而且更为严峻。毕竟中国铁路总公司实力雄厚，在发现越来越多的旅客选择公路、航空等其他运输方式以及私家车增加后，决定及时改革，把过去失去的那部分用户找回来，让更多的人选择铁路出行。对于家电企业来说，市场的饱和以及新兴市场开发殆尽，让业已存在的同行业竞争日趋白热化。而近几年来互联网企业的跨界更是让本就"压力山大"的家电企业雪上加霜。

面对同行、互联网企业的一波波攻势，面对越来越挑剔的用户，家电企业必须主动去寻求出路。在这一过程中，它们首先得知道现在互联网企业疯狂入侵的方向在哪里。知道了这一点，它们才能主动在那个方向安营扎寨，主动防御。

其实很简单，互联网的兴起解决了信息不对称的问题，使得效率得到大幅度提升。而互联网企业跨界的方向正是这些存在信息不对称和低效点的产业。比如在传统教育行业，过去的"一哥"新东方如今也面临这样的尴尬：原先几千元的课程基本上都是人满为患，现在许多学生都转向了网上课程、在线学习，而不是每天奔波去线下课堂学习。因此，发现并解决家电企业的低效点才是变革跨界的关键所在。具体来说，现在的家电企业存在以下低效点。

· **低效点一：电商**

家电企业在过去基本上走的都是经销商、专卖店的线下形式。随着电商的兴起以及消费者购物方式的变化，许多家电企业也开始布局线上平台。这里的线上平台其实就是目前大多数家电企业的一个低效点。

在对互联网思维的探索中，海尔一直都充当了"积极分子"的角色，而且成绩卓然。然而，就线上渠道而言，海尔显然没有苏宁电器那么激进。1990年12月26日，苏宁还是一家空调专营店。在二十余年的发展中，苏宁自建电商平台，更名苏宁云商，并将业务扩展到金融、图书甚至视频领域。

苏宁董事长张近东也在一次工作部署会议中表示，苏宁要做"店商＋电商＋零售服务商"的云商苏宁。未来的苏宁电器将不再是传统家电连锁企业，而是中国的"沃尔玛＋亚马逊"。从张近东的这番言论中，他的野心显而易见——苏宁想做O2O模式的老大。

从另一方面来看，苏宁也给外界留下了积极拥抱互联网的印象。过去的苏宁主要发力点在线下门店，而现在，显然它把未来几年的发展重点转向了家电企业的低效点——线上渠道上。

相比之下，一直在家电行业呼风唤雨的老大哥海尔则还未从这一低效点上引爆。早在2001年，海尔就推出了"海尔商城"这一线上渠道，比2004年才涉足电子商务的京东还要早3年。而到2008年转B2C商城的时候，马云的天猫还没有出世。然而，张瑞敏发现了一块处女地，但没有好好深耕细作：2012年海尔商城宣布完成3亿元销售额，这与京东和天猫相去甚远，就连与自家当年1600亿元人民币的营收相比也只是九牛一毛。

相比之下，美的电商起步更晚，直到 2013 年年底才在集团层面成立电商模块，集团的电子商务公司更是在 2014 年上半年才成立。不过，美的集团却很快就实现了"大象转身"。美的 2014 年半年报显示，美的电商销售额同比增长了 160%。另外，其在京东和淘宝的销售额也同比增长了 220%、132%。2014 年"双 11"期间，方洪波亲临现场表示："电商的趋势是不可逆转的，我们也是看到这种趋势，不断去改造我们后端的企业结构。"

从上面这个例子来看，海尔早早发现了自己的低效点，但却"起了个大早，赶了个晚集"。尽管海尔在电商上没能取得很大成绩，但相比格力、志高、格兰仕等家电企业来说，它的成绩已经算是中上水平。

传统家电巨头们在传统渠道上历史规模沉淀大，基础非常深厚。正是这个原因，让它们在向电商领域的渗透中更加艰难。但不管怎样，随着智能家居元年的过去，两线融合、避免线上线下利益冲突已经成为全体家电企业必须面对的一个问题，也是这些企业在移动互联网时代必须要走的一条路。

·低效点二：物流

海尔不仅没有抓住线上电商这一低效点，而且在物流上也遇到了几乎同样的状况：2010 年年底，海尔旗下的综合物流服务品牌"日日顺"推出了"日日顺乐家"商城，定位为家庭一站式购物平台。然而在 2012 年年底，"日日顺乐家"宣布停止运营，转到海尔与英国零售商悦采购集团合作的爱顾商城（Argos），而后者仅运营了几个月就宣布解散。

不过，海尔似乎铁了心地认为自己的方向并没有错，只是在找到这些低效点后，没有把它们引爆出来。当然，转机也很快出现。2013 年 12 月 9 日，海尔宣布与互联网电商霸主阿里巴巴集团达成战略合作关系，由后者向海尔电器进行 28.22 亿港元（约合人民币 22.13 亿元）的投资。这一次合作对于海尔来说，既可以弥补其在电商上的不足，又能在物流上同阿里巴巴的菜鸟物流进行合作。

2014 年 9 月底，海尔电器入股中石化旗下的销售业务，两者的庞大销售网络可以相互融合，共享渠道资源。由此，海尔的物流网络已经深入到一般企业难以渗透的三、四线城市，销售网点总数超过 3 万家，并在全国拥有超过 2 万家服务提供商。2015 年，海尔有望在融合后发挥更大的协同效应，一举引爆物流这一低效点。

·低效点三：靠卖硬件赚钱

原来的手机和电视等硬件厂商都是靠销售硬件来获得利润的。现在，小米、乐视这些互联网公司跨界进来后，换了一种玩法，不在硬件上赚钱，甚至是小亏。它们把盈利点放在了软件和内容上，通过各种吸引人的条件将用户引入到各自的互联网生态圈中，让用户在新的地方心甘情愿地花钱。而 TCL、长虹等传统的家电厂商在面对这种不合常规的打法时，没有任何优势。显然，互联网企业抓住了传统家电企业的另外一个低效点——单靠硬件赚钱，并在这一点上发力，利用自身的软件开发和内容创造优势，为用户提供更为人性化和智能化的服务。

可以预见，未来几年内国内家电企业在寻求变革跨界的入口时，一直以来没有优势的电商、物流、软件与内容等低效点领域是主要方向。至于具体的做法，家电企业可以选择与在低效点上有优势的互联网公司合作，也可以学习互联网企业。只有这样，才能在跨界新方向时迅速达到临界点，刺激用户痛点，最终引爆企业新发展。

共赢法则——构建多方共赢的资源生态圈

早在 2011 年，腾讯公司董事会主席马化腾就在自己的博客上发布了一篇关于"互联网新时代的晨光"的博客。在该文中，他有如下一段描述：

一个新的互联网时代即将到来。这将是一个鼓励分享、平台崛起的时代。靠单一产品赢得用户的时代已经过去，渠道为王的传统思维不再吃香。在新的时代，如果还背着这些包袱，那就等于给波音787装了一个拖拉机的马达，想飞也飞不起来。如何铸造一个供更多合作伙伴共同创造、供用户自由选择的平台，才是互联网新时代从业者需要思考的问题。

这个新时代，不再信奉传统的弱肉强食般的"丛林法则"①，它更从崇尚的是"天空法则"。所谓"天高任鸟飞"，所有的人在同一天空下，但生存的维度并不完全重合，麻雀有麻雀的天空，老鹰也有老鹰的天空。决定能否成功、有多大成功的，是自己发现需求、主动创造分享平台的能力。②

从马化腾这篇博客来看，他认为"丛林法则"已经不再适用于当前时代下的企业发展，他崇尚"天空法则"。这个"天空法则"算是他自创的新名词，他认为新时代的网民给现在的企业领导者带来的最大红利之一是"认知盈余"③。比如火热的Facebook、Twitter以及维基百科、百度百科、微博等产品的成功，就是认知盈余的推动。

在认知盈余的作用下，许多互联网企业率先有了改变原有游戏规则的想法。开放已经成为互联网企业的共同认知。从2011年开始，互联网企业间由过去的纯粹竞争逐渐转向合作。腾讯开放平台的推出正是马化腾想要从过去的"丛林法则"进化到"天空法则"的现实产物。

作为BAT三巨头之一的腾讯，在传递着一个当前时代商业竞争的形态：商业竞

---

① 丛林法则：自然界中生物学方面的物竞天择、优胜劣汰、弱肉强食的规律法则。
② 马化腾：《未来互联网信奉天空法则》，http://tech.ifeng.com/people/point/detail_2011_12/12/11262928_0.shtml，2011-12-12。
③ 认知盈余：受教育人口的自由时间。

争不再是单纯的企业对撼企业，而是企业拥有的商业生态系统（平台）之间的竞争。一个单一的企业是不具备竞争资本的。腾讯、百度、阿里巴巴目前经过十几年的经营，已经分别围绕社交、搜索、电商为主线，构筑了一个个庞大的产业生态圈。

前面已经提到，腾讯主要依托开放平台来构建一个共赢的平台生态圈。而一直在做电商的阿里巴巴也不含糊，早已有了四大核心业务：阿里巴巴电子商务、阿里金融、阿里云（大数据）和物流体系。这里的每一个业务模块都是一个类平台，而这些类平台间又相互联动，形成了一个大型的电子商务生态圈。从某种意义上来说，阿里巴巴目前正在运营的不仅仅是一个大企业或多个小集团，而是一个统一的生态系统。

而 BAT 之外的小米、360 等互联网企业也在以"软件 + 硬件 + 互联网"的模式来积极构建自己的平台和生态圈。

小米目前拥有三大平台生态圈：

（1）围绕 MIUI 系统的移动互联网生态圈

小米开发的类安卓系统 MIUI 在小米设备上创建了生态圈。到 2014 年 7 月，小米应用商店总共达到了 50 亿次的分发量。

（2）以路由器为中心的智能硬件生态圈

小米在做智能路由器时，把它想象成一个中心 APP，有相当强的储存、计算和联结能力。正如雷军所说："在这个生态圈里，我们希望以路由器作为中心，也会在周边做非常多的重要的设备。"

（3）以小米官网为中心的电商平台生态圈

"目前，小米已经是中国最大的垂直电商和第三大综合电商。小米官网已经有几十种产品，既加强了小米产品的丰富度，又打造了小米的生态链。

不仅是互联网公司需要积极创建平台，传统家电企业也需要这么做。拿海尔来说，在 2013 年的内部例会上，张瑞敏提到，平台型企业就是快速配置资源的一个生态圈。这是一个生生不息的生态系统。他说："我们的模式推进需要两个层面的颠覆，从企业层面看，要从过去的层级式颠覆成平台，而表现在利益共同体层面，就是要成为演进生态圈。"①

随着网络的发展，平台的形态也从实物状态向虚拟状态演进。但无论如何，企业构建平台生态圈的目的是满足当前时代的多方需求。那么，传统家电企业在新的局面上，该如何学习互联网企业，去构建一个好的平台生态圈呢？

·找出自身价值点，逐步做大

家电企业要创建一个好的平台，一开始就要分析生产经营中的各大环节，找出共性最多的一个环节，单独拿出来做，最终形成一个平台。

这里可以参考互联网企业。以百度为例，百度创立初期以"超链分析"等技术为基础创建搜索服务，然后做大做强，为各大门户网站提供搜索服务。2001 年 8 月，百度转向独立的搜索服务。2 个月后，百度正式发布 Baidu 搜索引擎，最终创建了以搜索为核心的平台。

家电企业如苏宁电器的电商平台苏宁易购、海尔的日日顺等平台的创建均是找到了一个价值点，然后逐步做大的。

·建立核心竞争力，扩展平台

企业在拥有了平台之后，逐步在品牌、技术、数据、管理系统、数据等方面优化调整，建立起别人很难复制和超越的优势，将原有平台进行扩展升级。升级后的平台能够发挥更大的效用，为企业实现更大的价值。

同样以百度为例，百度拥有 Baidu 搜索平台后，推出了 IE 搜索伴侣。很快，联

---

① 张瑞敏：《建立一个生生不已的系统》，http://finance.sina.com.cn/leadership/crz/20131227/161817775869.shtml，2013-12-27。

想、可口可乐、康佳等国内外知名企业成为百度竞价排名的客户。之后，该搜索平台相继推出常用搜索功能、中文搜索风云榜、新闻和图片技术化搜索引擎、地区搜索、高级搜索、时间搜索等新的功能。这时候，百度搜索平台在用户规模、搜索功能和合作伙伴数量上都有了绝对的优势。

·衍生服务，构建生态圈

当企业拥有了一个相对优势的平台后，可以考虑为价值链的其他环节构建一些辅助服务。这样可以进一步增加平台的用户黏性和竞争壁垒，最终进阶为平台生态圈。

百度在取得国内搜索平台用户、流量和影响量第一后，又收购了好123网址之家，并相继推出文档搜索功能、百度知道、百度百科、百度空间等一系列新功能，同时陆续上线音乐、游戏、娱乐、输入法、旅游等频道和百度安全中心。最终，百度搜索平台成为一个"大而全"的平台生态圈。

·战略升级，巩固生态圈

平台生态圈是一个动态的、不断流动的组织形式。当企业生态圈创建成功后，将会随着内外环境的变化而变化，逐步转向未来更有价值的价值链环节。

2012年3月，百度发布了百度云战略，推出四大服务体系：开发、运营、渠道推广和变现。接下来，百度正式推出个人云服务，成立LBS（基于位置的服务）事业部，和英特尔联合建立移动测试中心，又收购了91无线、PPS视频业务。百度这样做的目的，是将自身平台生态圈进行战略转型，更好地布局移动互联网和手机娱乐市场。

2015年，以云计算、大数据和移动互联网为代表的新技术加速与传统产业相融合，开启了产业互联网元年。目前，国内家电企业基本上都在为了打造一个良性发展的生态圈而努力。它们之中，有些是在单打独斗，更多的是同互联网企业联合起来共同打造，但基本上都仍处于初期准备阶段。如果家电企业能参考前面提到的四个步骤，

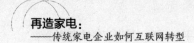

在一定程度上也能减轻盲目构建生态圈带来的风险。

不管怎样，在一次转型变革的大潮中，往往都会出现泥沙俱下的情况。但是大浪淘沙，留下来的终究是那些早早准备、精心布局的企业。家电企业能否抓住这次打造生态圈的机遇，关键还是在于自己。

尾声

谁是家电新王者？

成为王者的三大标准

本书已近尾声，前文提出的 30 条思维法则也在一定程度上对于再造家电行业给出了清晰而有条理的建议。那么我们不妨畅想一下，谁能成为家电企业的王者？成为家电企业王者的标准又有哪些呢？

或许，如今家电行业的前三强——海尔、美的、格力之中会有一个脱颖而出，成为最强王者；或许，前三强之后的海信、TCL、长虹等家电企业会突然发力，以黑马的姿态登上王座；又或者，小米、乐视、BAT 三巨头等跨界的互联网企业是否会将传统家电企业统统拉下马来，开启一个新的时代？

这场旷日持久、惊心动魄的王者之争还在继续，传统家电企业在积极拥抱互联网，寻求变革转型；互联网企业在跨界之余也向传统家电企业抛出了一件物什，只是所有人都没有看清那究竟是橄榄枝还是潘多拉的魔盒。

其实，未来几年具体哪一家企业成为王者并不重要，因为现在还未到盖棺定论的时候。不过我们可以预测的是，未来出现的那个家电王者极有可能符合下面的这三个标准。

·王者标准一：免费

免费对于互联网企业而言并不少见，而传统家电行业所谓的免费一般仅用在促销宣传语中。拿最初的腾讯QQ（当时还叫OICQ）来说，网民可以在网络上免费下载软件，然后再免费使用。显然，QQ在当时是一个烧钱的项目，但也正因为如此才能在短时期内聚集了大量的用户，为后来的腾讯帝国铺平了道路。

当然，赚钱始终是一个企业的重要目的，在免费一段时间后，马化腾也坐不住了，他试图通过"注册收费"的形式来赚钱，但结果事与愿违：腾讯内部的一个调查显示，有将近81%的用户表示，如果QQ收费，将会转向其他同类产品。

最后QQ平息了注册收费风波，开始将收费的目标从基础服务转向其他增值服务上，比如QQ秀，此举仅在2004年就为腾讯带来了上亿元的利润。这一年，坊间流传这一段有意思的对话：

陈天桥：*如果盛大和腾讯合并，我当董事长，你当CEO，我们可以做一家统治互联网的大型公司，称霸中国的互联网。*

马化腾：*我不跟你合作，因为两年后，腾讯自己也可以称霸整个中国互联网。*

我们姑且不去谈论这段对话的真假，而是去了解这些互联网公司是怎样赚钱的。过去盛大是靠卖游戏点卡赚钱，而腾讯在免费策略之后，已经依靠相应的增值服务获得大量收入，不再是昔日那个入不敷出的初创小团队了。比如QQ秀中的一个虚拟的装扮，程序员可能只需要一天的时间来编写这套装扮程序。接下来，只要用户花几块钱购买了这套装扮，就能转化为纯利润。在这种模式下，用户的规模效益就体现出来了。即便每一套装扮售价不高，但基数很大，最终腾讯也能获得一笔可观的收入。这里说的获利情况与反"二八"法则中提到的盛大模式类似。

纵观互联网企业的免费，盛大、巨人、腾讯基本上在游戏领域采用软件免费、道具收费的形式;网易邮箱通过免费打败了当年 263 等收费邮箱;360、金山通过免费的杀毒软件迅速战胜了瑞星、江民等付费软件……

目前,互联网公司已经形成了"高配置 + 低价"或者"低配 + 免费"这两种模式来冲击市场,目的是为了在用户心中实现"超预期",建立市场口碑,形成许多传统企业无法复制、望尘莫及的核心竞争力。

从互联网企业的免费策略中,未来的家电企业王者肯定会在这方面发力。其盈利方式很可能是:交叉补贴,即符合一定条件(比如资产、收入、信用度)的用户可以免费获得家电产品,但是会在服务和软件方面收费;或者是免费获得产品,但需要支付后续升级服务的钱。

·王者标准二:精益的电子商务

还是比尔·盖茨那句老话:"21 世纪要么电子商务,要么无商可务。"当阿里巴巴、京东、亚马逊等电商混战时,家电企业中的苏宁、国美一直通过资本、渠道和实体连锁店一步步精耕细作,发展起各自的网上商城。但是,传统家电企业因为品类的限制,很难做到比谁烧钱快的互联网企业的销售规模。

未来的家电王者,必须有自己的电子商务平台,而且要做得很好。电子商务最核心的部分有三块:资金流、信息流和物流。家电企业作为传统制造业,具体差异在以大数据分析为主的信息流和物流体系上。

(1)大数据决定线上商品的选择

在前面的精益法则中,提到了利用大数据对线上产品进行智能分析,最终实现精益生产。家电王者一定不会把电商平台当成多出来的一个销售渠道。电商平台应该是一个存在巨大空间和前景的市场:它既有数量庞大的长尾人群,也有小部分高端客户,而且随着跨境电商的兴起,它还不分国界、洲界,服务于全球的消费者;电商平台上的产品既是大数据算出来的长尾产品,又有适合国外消费者的跨境产品,种类更为齐全和精细，满足了不同消费者的需求。

（2）完善的物流体系

现在许多行内人士在评价快递行业的翘楚顺丰时，大都认为顺丰不仅仅是一家快递公司，它的本质是 IT 企业，是一家大数据公司。可见，移动互联网时代，在生产和电商环节用到的大数据，在物流体系中也同样重要。未来的家电企业，在物流方面一定会比现在的海尔、美的、格力更为先进。当前的家电企业一般在物流上有三种模式：①自建物流模式，比如海尔的日日顺、美的控股的安得物流、TCL 集团的全资子公司速必达；②共建物流模式，比如由科龙、小天鹅和中远物流共同出资组建的第三方物流公司安泰达物流；③物流外包模式，主要是一些中小型家电企业，它们没有多余的财力、物力和人力去运营和管理，所以一般都选择专业化的第三方物流公司进行物流外包。

但是就这三种模式来说，自建物流并没有做起来，在电商中的影响力不大，比如日日顺就不得不与阿里巴巴合作；共建和外包模式又因为生产经营信息需要共享，存在一定的商业风险。

·王者标准三：强大的平台生态圈

有业内人士说过这么一句话："卖产品的最不赚钱，卖技术服务的十分赚钱，都不如'赌场老板'（做平台）赚钱。"现在那些媒体圈的常客——亚马逊、谷歌、百度、腾讯、阿里巴巴、小米等互联网公司，它们之间有一个共性，就是都在做商业平台。

未来的家电王者一定拥有一个功能强大的平台生态圈。这个平台是一个基于互联网的利益平台。现在许多家电企业都在为了建平台而建平台，把移动互联网下的平台当成一个工具，这是非常错误的认识。

其实从某种程度上来说，未来的家电新王者一定不能把平台当工具，它们在选择建立一个强大的平台时,已经不再满足于利用平台来宣传新产品造势。因此,王者的强大平台是为了寻求利润的多元化,而不是产品渠道和产业多元化那么简单。

控局者与搅局者

当前的家电行业里,既有海尔、美的、格力这样的传统家电强者坐镇,又有乐视、小米等互联网企业进来疯狂搅局,可谓暗流涌动,杀声四起。而它们之中是否会有一家企业在未来——打败其他竞争者,"一举问鼎中原"呢?也许未来的家电王者就从下面这些控局者和搅局者中诞生。

当前家电行业中,海尔、格力、美的和海信分别位列 2014 年家电行业前四强,销售收入均超过千亿元。可以说,这四家家电企业就是当前家电行业传统意义上的控局者。

控局者 1:海尔集团

海尔集团是家电行业当之无愧的老大哥,目前正处于其第五个战略发展阶段。在此之前的 30 年时间里,海尔已经先后经历了名牌战略、多元化战略、国际化战略、全球化品牌战略。经过四个战略阶段的洗礼后,海尔已经成为全球知名的家电品牌,在白色家电领域更是稳居全球销量第一位。

2012 年年末,一直处于企业管理前沿的张瑞敏正式宣布:海尔由全球化品牌战略进入网络化战略阶段。

三年过去了,海尔作为大哥的地位依旧稳健。2015 年年初,海尔集团宣布全球营业额实现 2007 亿元人民币,同比增长 11%,实现利润 150 亿元,顺利进入"2000亿俱乐部",远远超过其余几家营收超千亿元的竞争对手。

可见,海尔的网络化战略顺利进行。目前海尔正在加紧拥抱互联网,构建一个快速汇集资源的生态圈，以满足互联网时代的个性化需求。不过，就目前的情况来看，海尔的这第五个战略发展阶段才刚刚开始。

控局者 2：格力电器

2015 年 1 月 20 日，格力电器发布了未经审计的财报数据。该数据显示，2014 年格力电器营业总收入达到 1400.05 亿元，比去年同期增长 16.63%。对于这个三年前就提出"五年时间再造一个格力"的企业来说，它的增长势头显著。

早在 2014 年年初，格力就与国美"冰释前嫌"，签订了高达 80 亿元的年度采销合同。同时，与阿里巴巴达成战略伙伴关系。不过当前格力面临的最大一个问题就是产品线单一。在第十三届中国企业领袖年会上，董明珠说："现在家电行业有三个超千亿元（此处有误，海信也在这之前宣布 2014 年度销售额超千亿元），但是空调超千亿元只有格力，没有第二家。"

董明珠这样说，既是对一种单品独孤求败的自夸，又是对未来即将到来的智能家居时代的担忧。因为前面已经提到了家电企业"死在最成功的基因里"的各种情况，董明珠说这番话背后的隐忧显然更多。

控局者 3：美的集团

美的集团 2014 年前三季度财报显示：前三季度实现营业收入 1091 亿元，同步增长 16.4%；归属母公司的净利润为 89.5 亿元，同比增长 49.2%。从营收以及归属净利润的排名上看，美的均列第二位。

2014 年 3 月，美的整体上市，注入了小家电、电机和物流三大新业务，使营收增速变快，全年净收入超过了 1400 亿元，净利润在 110 亿～120 亿元。这一年里，美的制订"333"战略，意在用三年时间成为中国家电三强中的领导者，力争在 2017 年将销售额做到 2000 亿元。这也应了美的在销售规模突破千亿元时的规划——"再造一个美的"。

在具体行动上，美的与小米结成战略合作关系，为其布局智能家居平台提供技术支持。然而这次合作究竟是优势互补的双赢，还是引狼入室，还得看两者在未来的合作是否长久。

控局者 4：海信集团

2014 年 11 月 19 日，海信集团董事长周厚健在公司 45 周年庆上明确表示，海信集团 2014 年全年销售收入将过千亿元大关。这也意味着海信将成为中国家电企业中第四家年销售额超千亿元的企业。

不过，这家前身是"青岛电视机厂"的企业在外界的眼里，依旧非常保守。它最引以为傲的也就是海信电视全球份额仅次于三星、LG、索尼，位列第四。周厚健领导下的海信一直都很低调，在现在各种转型与颠覆的论调大行其道时，他曾调侃道："如今好像到了你不是互联网企业就很自卑的地步。"

然而，海信在智能化转型过程中，与长虹、TCL 等企业和互联网公司合作不同，它采取的不是"造船出海"，而是"借船出海"。海信的这一理念或许是其当前的最大隐忧——在强调唯快不破、用户为王的互联网时代，海信崇尚和坚持的仍是工程师文化。业界也有许多人担心，海信的这种做法会重蹈日本家电企业的覆辙。至于空调、洗衣机、手机等其他产品线，海信几乎没有任何优势。可见，海信成为王者的可能性很小，现在只是努力保持控局者这一角色。

在这些控局者背后，还有小米、360、乐视以及百度、腾讯、阿里巴巴等互联网搅局者。这里仅以小米和 360 为例。

搅局者 1：小米

小米公司在推出小米手机以来，一直充当了一个行业搅局者的角色。小米经历火箭式的发展之后，目前估值已经在 400 亿~500 亿美元之间。靠手机获得入场券的小米开始跨界家电，推出了小米电视、小米空气净化器等家电产品。

2015 年 1 月，雷军在微博上发布的一份报告显示，2014 年小米共售出 6112 万台手机，比上一年增长 227%，含税收入 743 亿元，增长 135%。这一数据也顺利完成此前其定下的超过 6000 万台的目标。

不过在炒得火热的小米模式背后，小米并没有跨出智能手机、MIUI 及小米路由器等新兴的移动互联网领域。而在电视乃至新推出的空气净化器上，小米显得有些心有余而力不足。直到现在，小米也没有公布这些新产品的销量。

2015 年 3 月 24 日，小米在官方微博发布了一款 40 英寸的电视，其售价仅为 1999 元，但从命名上看，仍属于小米电视 2，让"米粉"们翘首以待的小米电视 3 迟迟未发布。可想而知，小米要想仅凭自己的力量在家电领域登基为王，显然机会不是太大。

搅局者 2：奇虎 360

360 作为一家互联网安全公司，2014 年也在家电领域动作频频。先有与 TCL 合作推出空气净化器 T3 空气卫士，后有同奥克斯空调发布 360 空调。到了 2014 年下半年，360 又把发力点放在智能可穿戴设备上。

2015 年中国家电博览会上，360 公司副总裁沈海寅在一论坛上称，公司将花费百亿元发展智能家居。不过，360 目前的布局还没有形成一定的规模，而且主要集中在与传统家电企业合作和智能可穿戴领域。因此，360 成为家电新王者的概率也是微乎其微。

在搅局者之中，小米对相关家电行业的威胁要大一些；而 360 则主要选择与家电企业合作的形式来跨界，顺带做一些新兴领域的小产品。就目前来看，后者与传统家电正处于相互拥抱的"交往期"，还没有开始实质性的交锋。

总体来说，现在的控局者和搅局者都在某些方面与王者的标准有一段差距。它们不管是变革转型还是成功跨界，王者之气显然都不够强大。而未来最终的那个王者，究竟在哪里？会是谁呢？

降维打击：未来属于"来自星星的你"

从 1978 年到今天，我国制造业发生了巨大变化。中国从原先什么都做不了，到现在成为世界上最大的制造业国家，度过了 30 多年的黄金发展期。家电行业属于典型的制造业，它的发展也是一个令人惊叹的"深圳速度"。

不过最近几年，包括家电企业发展速度明显放缓，一些企业大量减员甚至破产，被别的企业收购。过去，支撑国内家电企业增长的有四大成本优势——人力、土地、原材料、税。如今，这些优势都已经差不多消失殆尽。

当互联网和移动互联网持续不断地冲击家电行业时，许多企业的领导者也已经意识到了变革和转型势在必行，甚至到了要么变要么死的时候。而对于未来的家电企业究竟会变成什么样，还是应了开篇的那句话："没有成功的企业，只有时代的企业"。

上面这些言论绝非危言耸听。2014 年 3 月，著名财经作家吴晓波在接受《价值线》记者专访时曾说："我认为从今往后在中国十年之内，有 50%～60% 的传统制造业企业迈不过这个槛，但是迈过槛的这些企业在未来有非常大的前景。"他认为，未来真正能在中国活下去的那些专业性公司都有一个共性：它们由原本依靠大规模制造模型转向"专业化公司＋信息化改造＋小制造"的模型。从吴晓波的话可以看出，未来留下来的家电企业都会是"专业化公司"，而非家电制造企业。

前面已经分析了成为王者的标准，还有那些所谓的控局者和搅局者。但是它们能在未来成为真正的家电新王者吗？毕竟从目前的情况来看，海尔、美的、格力这样的传统家电企业只是在不断强调变革和转型；小米、乐视、360、百度、腾讯等互联网企业也只是有限地跨界和与传统制造业合作，并没有实质意义上的独立自主。

从严格意义来说，不管是变革、转型还是跨界，它们都还起不到"颠覆"的效果。

正所谓"你方唱罢我登场"，当传统家电企业和互联网公司在分分合合的混乱中忙得不可开交时，我们看到了另外一种新现象，那就是不少前沿人士提到的"降维打击"。它出自科幻作家刘慈欣的著名科幻小说《三体》。在这部小说中，降维打击大致的意思是原来我们生活在三维世界的人或物在遭遇"二向箔"①打击后，会变成二维的。用个形象的比喻，有人拿一块"二向箔"朝你扔过来，你非常想反抗，但瞬间就变成了一张平面的照片。"降维打击"这个说法在互联网界非常流行，许多互联网企业都在气势汹汹地充当"野蛮人"的角色，跨界家电行业，但在这些企业之中，真正利用"降维打击"的又有多少？

原来我们的商业世界有地域的限制，许多大型的商场都不可避免地开在人流密集的地方，这样才会有生意。而当互联网席卷而来的时候，一些互联网公司抛出电子商务这一"二向箔"，让地域这个维度直接消失了。

原来每年瑞星、江民这样的杀毒软件公司靠卖软件赚钱，而360出现的时候，它也抛出了一块"二向箔"——免费。于是，收钱这个维度没有了，传统的杀毒软件根本招架不住，很快就衰落下去。

原来的手机销售，基本上都是通过全国、省、市等各级经销商、代理商。一般情况下，每往下一级都会加价，最后都由消费者来买单。现在的小米手机直接利用官网渠道与最终的消费者对接起来，去掉了中间商这个维度，让消费者受益。相比之下，其他传统手机品牌厂商仍是死保渠道红利，以至于很快就被小米赶超。

原来的游戏行业，任天堂这样的昔日霸主大都通过卖游戏机和游戏卡给用户赚钱。2013年，任天堂出现了亏损。一年之后，在2014年第一季度全球游戏公司收入

---

① 二向箔：《三体》中描述的一种毁灭性攻击武器，它可以在与三维世界接触时，令三维空间及其物质跌落到二维，达到消灭敌方的目的。

排行榜中，腾讯游戏以 17.14 亿美元的营收超过索尼、任天堂、暴雪等传统意义上的游戏巨头，成为最赚钱的游戏公司。腾讯游戏成功的关键在于，它靠软件赚钱，而不是硬件。

创办"阿芙精油"品牌和"雕爷牛腩"的雕爷曾说过："打败董明珠的不会是小米的雷军，而是小狗电器的檀冲。"

雕爷看重的，就是小狗电器的降维打击。这家成立于 1999 年的小家电品牌如今已经成为互联网知名品牌，其主营产品吸尘器已经连续数年稳居产品销量第一。

2006 年，小狗电器开始了第一次降维打击——从国美、大中、永乐等大卖场撤出，并于次年 6 月入驻淘宝。这一做法就是对它的同行进行了一次降维打击，它把原先同行依赖的线下渠道这个维度抛弃了，不再受渠道商、地域等方面的限制。很快，小狗电器就在电商平台站稳了脚跟，销量和知名度飞速提升。

到了 2014 年 10 月，小狗电器创始人兼 CEO 檀冲发布了一个"嗨修"中央服务模式，这是小狗电器对传统电器品牌的第二次降维打击——超预期服务。在这个"嗨修"模式中，用户在购买小狗电器的产品后，所有的售后服务都是由顺丰快递派人过来取货送货，同时维修不收用户一分钱。

小狗电器的"嗨修"就是一块降维打击的"二向箔"，它的主要特点是：将免费进行到底、逆向物流和中央维修仓。当用户购买了小狗电器的产品后，只要处于保修期内，产品无论出于什么原因损坏了，都可以联系小狗客服，由顺丰上门取件，运送到小狗电器的中央维修仓进行免费维修和部件更换，再将修好的产品免费送货上门。与传统家电售后服务流程不同的是，用户不需要去花费时间解释产品损坏的原因，也不需要自己拿着产品去维修网点，更不需要为更换零部件买单。

小狗电器的舍弃线下渠道和"嗨修"模式，都是对传统家电品牌具有颠覆性的做法。小狗电器之所以能这样做，也是与其长期布局和积累降维资本有关。它既聚焦了吸尘器这一细分品类，又有让用户尖叫的爆款产品，其性价比远远超过了用户的预期。长此以往，用户很可能会放弃其他吸尘器品牌，产生类似于果粉"手机就是苹果"的认识："吸尘器就是小狗"。

可见，只有通过降维打击的形式，才能真正达到颠覆的效果。这些都不是一朝一夕就能促成的。而对于未来家电的王者来说，它一定是依靠降维打击走上王座的。2014 年 12 月 15 日，马云在"2014 年两岸企业家台北峰会"上提到，他之所以有今天的成功，正是锁定了未来的成功者，看到别人的问题，解决别人的问题，看到哪些机会是"今天做 10 年后会成功的机会"，而非"今天做明天就会成功的机会"。

马云的这一番话，可以给目前热闹非凡的传统家电企业和互联网跨界者一个启示：当前的变革转型乃至跨界都还只是开始，移动互联网时代对于家电行业的颠覆性变革还未真正到来。

2015 年是中国家电行业顺应工业 4.0 和"互联网 +"要求转型升级的关键一年，转型升级的过程中将引发较大力度的市场洗牌。那么，未来的家电王者到底会是谁？时间会给我们最好的答案。不过可以肯定的是，未来的王者，一定属于那个会使用"二向箔"进行降维打击的"来自星星的你"。

图书在版编目（CIP）数据

再造家电：传统家电企业如何互联网转型 / 陈润著.
—杭州：浙江大学出版社，2015.10
ISBN 978-7-308-15182-5

Ⅰ.①再… Ⅱ.①陈… Ⅲ.①家电企业—企业发展—研
究—中国 Ⅳ.①F426.6

中国版本图书馆CIP数据核字（2015）第234682号

再造家电：传统家电企业如何互联网转型

陈　润　著

策　　划	杭州蓝狮子文化创意有限公司	
责任编辑	杨　茜	
责任校对	於国娟	
封面设计	红杉林文化	
出版发行	浙江大学出版社	
	（杭州市天目山路148号　　邮政编码310007）	
	（网址：http://www.zjupress.com）	
排　　版	浙江时代出版服务有限公司	
印　　刷	浙江印刷集团有限公司	
开　　本	710mm×1000mm　1/16	
印　　张	14	
字　　数	185千	
版 印 次	2015年10月第1版　2015年10月第1次印刷	
书　　号	ISBN 978-7-308-15182-5	
定　　价	42.00元	